高校篮球教学创新与运动训练实践研究

刘世宏　著

中国原子能出版社

图书在版编目(CIP)数据

高校篮球教学创新与运动训练实践研究/刘世宏著.
--北京:中国原子能出版社,2023.6

ISBN 978-7-5221-2748-4

Ⅰ.①高… Ⅱ.①刘… Ⅲ.①篮球运动-体育教学-
教学研究-高等学校②篮球运动-运动训练-教学研究-
高等学校 Ⅳ.①G841.2

中国国家版本馆 CIP 数据核字(2023)第 104052 号

高校篮球教学创新与运动训练实践研究

出版发行	中国原子能出版社(北京市海淀区阜成路 43 号　100048)
责任编辑	王　蕾
责任印制	赵　明
印　　刷	北京九州迅驰传媒文化有限公司
经　　销	全国新华书店
开　　本	787mm×1092mm　1/16
印　　张	12.75
字　　数	216 千字
版　　次	2024 年 3 月第 1 版　　2024 年 3 月第 1 次印刷
书　　号	ISBN 978-7-5221-2748-4　　定　价　68.00 元

前　言

　　篮球运动在我国是一项具有广泛群众基础的体育运动项目，篮球联赛的开展与篮球明星效应使人们乐于走进球场去体验篮球运动，篮球运动已经成为很多人生活中的重要内容之一。随着对篮球运动体验的不断深入，人们产生了越来越多元化和高标准的需求，这也对我国篮球运动的发展提出了更高的要求。对于我国篮球事业的发展来说，教学与训练是两个非常重要的组成部分，而且教学与训练密不可分。在我国篮球事业不断发展壮大的今天，我国篮球教学与训练需要与时俱进才能够满足广大青少年学生、篮球爱好者与篮球运动员的需求。

　　篮球人才在一个国家篮球运动发展中占有重要地位，是篮球运动得以长久发展的关键所在。篮球人才的培养是一个国家未来篮球发展水平的重要标志，这就要求我国在发展篮球运动的过程中，不仅要以广泛的群众参与为基础，更重要的是探索适合时代发展的篮球人才培养途径，保证篮球事业的可持续发展。篮球教学与训练在篮球人才培养方面发挥着不可忽视的作用，因此，国家对篮球教学与训练给予了高度的重视。

　　本书属于高校篮球教学创新与运动训练方面的著作，本书注重对学生创新精神与实践能力的培养，书中所涉及内容紧跟高校体育教育改革的步伐，紧密围绕培养目标，结合体育专业教学实际，较全面、系统地介绍了篮球运动的固有规律、技术原理及创新能力的培养等。在此基础上，添加和补充了新的篮球理念，充实了现代篮球运动的新概念，增强了篮球运动的先进性和科学性。

　　本书以教学理论创新为指导，对篮球运动的多元训练内容逐一进行深入研究，为篮球的科学训练提供了系统的理论指导；内容实用性、指导性强，对篮球运动员科学从事篮球运动，提高篮球运动实战水平具有较好的指导意义。

在编写本书的过程中，笔者查阅和借鉴了大量的相关资料，在此向其作者表示诚挚的感谢。此外，本书在编写的过程中，也得到了相关专家和同行的支持与帮助，在此一并致谢。由于作者水平有限，加之时间仓促，书中难免出现纰漏，敬请广大读者批评指正。

目 录

第一章　篮球运动概述

篮球运动是一项充满激情与趣味性的对抗性球类运动，了解篮球运动的基本知识有助于提高运动者的篮球运动文化素养，同时为其从事篮球运动实践奠定良好的知识基础。

第一节　篮球运动的起源与发展

一、篮球运动的起源

（一）篮球运动产生的社会背景

现代篮球运动是在特定的社会条件下产生的，并随着社会的不断变化而得到进一步的发展和完善。19 世纪中叶以后，欧洲产业革命引起生产劳动技术的创新，对生产力的大幅度提高起到了积极的促进作用。与此同时，人们的思想观念也开始发生一定的转变，追求更加健康、文明的生活方式。另外，由于经济的发展和国力的增强，科教文化事业的受重视程度也越来越高，这些都在一定程度上为篮球运动的产生奠定了坚实的基础。

（二）篮球运动的游戏雏形与形成

为了使新的运动项目达到预期的效果，人们对其提出了三个基本的要求：

第一，这种运动项目要与枯燥的古典体操和美式足球有所区别。既要具有对抗性，又要体现出文明性特征。

第二，这种运动项目不能受到时间、场地和天气等因素的影响，既可以在白天进行，又可以在黑夜进行；既可以在室内进行，又可以在室外进行。

第三，这种运动项目要适合不同性别、不同年龄的人参与，尤其是要使年轻人接受并喜欢这项运动。

由于当时设计出的篮筐底部是封闭的，球被投进篮筐无法掉落下来，所以每当篮筐内装满球后，需要将球从篮筐中取出，这带来了很多不便，也对游戏的流畅性造成影响。后来，经过不断改进，篮筐底部被去掉，并在篮球场地两边各放置一个立柱，将篮筐安装在立柱上来进行比赛。在篮筐的底部曾设有挡网，以此来防止篮球被投掷到场外远处，有的是用网形装置将场地的周边罩住来代替挡网。最初的这种篮球游戏没有规则和限制，后来，由于篮球运动具有较强的对抗性，人们便将某些限制性规定制定了出来，并且在不断的发展与实践中对比赛方式进行改进，从而使篮球游戏得到完善，并逐渐向现代篮球运动转变。

二、篮球运动的发展

由于篮球运动具有广泛的适应性，且场地器材简单，因此篮球运动产生之后就在世界范围内得到广泛的传播。总的来说，篮球运动的发展大致可分为五个阶段，即初创与萌芽阶段、完善与推广阶段、普及与发展阶段、全面提高阶段、创新发展阶段，具体如下。

（一）初创萌芽阶段（19 世纪 90 年代—20 世纪 20 年代）

1. 篮球运动的迅速传播

在学校中，篮球运动自创立后，便以独特的运动形式和较强的趣味性得到迅速传播。经过短期的传播之后，篮球运动由学校进入社会，并随着文化交流传播到世界各国。篮球运动如此快速的传播，彰显出其所具有的强大的生命力，并为国际业余篮球联合协会的成立打下了良好的基础。

2. 篮球技战术的初步形成

在篮球运动不断开展和比赛规则的改变下，一些更适应篮球比赛要求的新技术不断出现，并在以后的篮球运动发展过程中得到更为充分的改进和完善，逐步形成了与其他运动项目相区别的独特的技战术体系。具有标志性的技战术发展主要体现在以下三点：

第一，运球技术在 19 世纪 90 年代第一次出现，直到 20 世纪，运球技术的合法性才在比赛规则中得以明确。

第二，20 世纪初，出现了单手低手传球、双手低手传球、单手肩上投篮等技术动作。

第三，20 世纪 30 年代，出现了跳起投篮等技术动作。

3．篮球竞赛规则的初步形成

篮球竞赛规则是关于篮球运动的技术法规。它在肯定正确技术和保护合理接触的同时，也明确否定了错误动作，并提倡"积极进取、团结合作、公平竞赛、行为高尚"的篮球运动精神。19 世纪 90 年代的篮球竞赛规则只要求在竞赛时参赛双方人数相等，而对具体人数和场地的大小等没有严格的要求和限制，球被投入篮筐中便可得一分，累计得分多的一方获胜，并且每进一球都要重新开始比赛。

1892 年，人们制定出了篮球竞赛的原始规则，即包含 13 条规则的"青年会篮球规则"。该规则作出了将比赛场地分三段区域的规定，同时确定了比赛的基本要求，如对攻守对抗中队员之间的身体接触部位进行限制，对悬空的篮筐装置的要求进行明确，在比赛中不准个人持球跑等。

篮球比赛的场地也经过了一系列的变革，并增画了中圈、罚球线等各种区位的限制线，后来又增画了中线。篮圈使用的是较为规范的铁圈，篮圈后部的挡网由木质的不规则的挡板所替代并与篮网相连接。此后的篮球比赛，由中圈跳球开始，并且队员在场中的位置也有了锋、卫的区分，其中前锋和中锋主要负责前场进攻，后卫在承担保护本方篮筐职责的同时，还要将球传给中场和前场的中锋和前锋，经过不断实践，篮球运动得到更好的改进和完善。

（二）完善、推广阶段（20 世纪 30 年代—20 世纪 40 年代末）

1．成立国际业余篮球联合协会

1932 年 6 月 18 日，国际业余篮球联合会（简称国际篮联）在瑞士日内瓦正式成立，其总部设在意大利首都罗马。国际篮联的主要任务有以下两个方面：

第一，统一世界各国的篮球竞赛规则。初步制定了国际上统一的 13 条篮球竞赛规则，如规定每场比赛参赛双方的场上人数各为 5 人；增改了场地上的进攻限制区域；在比赛中，进攻队员投篮时防守队员犯规，如果投中则增加一次罚球，如果没有投中则罚球两次；比赛时间，男子和女子的篮球比赛时间分别由原来的男子 10 分钟、女子 8 分钟，共四节，改为每节比赛 20 分钟，共两节；在进攻方拿到球后必须在 10 秒内过中线，并且不能再次返回后场。

第二，将篮球列为奥运会正式比赛项目。1936 年，男子篮球在第 11 届奥运会首次被列入正式比赛项目，从此篮球运动开始登上国际竞技舞台。

2. 不断完善篮球技战术

篮球运动在 20 世纪 30 年代以后得到迅速的普及和推广，其中在欧洲、亚洲、大洋洲的许多国家得到了非常快速的发展，这也使得篮球运动技术水平得到更大程度的提高。20 世纪 30 年代，单手胸前投篮技术和双手抛球投篮技术逐渐被双手胸前投篮技术所取代，并且协防、掩护、配合等团队精神在比赛中得到重视。一直到 20 世纪 40 年代末，进攻中的掩护、策应、快攻战术和防守中的区域联防、人盯人防守等战术阵型和配合受到世界各国篮球队的高度重视，这也使得篮球运动在世界范围内进入完善与推广的新阶段。

3. 国际级篮球比赛的日益丰富

在国际篮联成立以后，各个国家、各个地区都在有组织、有计划、频繁地举办各种篮球比赛。

（三）普及、发展阶段（20 世纪 50 年代—20 世纪 70 年代末）

1. 运动员的身高不断增加

该阶段，运动员所表现出的直观现象是身材越来越高大，其中不乏 2 米以上的运动员参加比赛，身高的优势也在比赛中得到很好的体现。尤其是在阿根廷和智利举行的男子和女子首届世界篮球锦标赛上，高大篮球队员在赛场上的优秀表现，给国际篮球运动带来了巨大冲击，通过利用高大队员强攻篮下的中锋打法成为篮球比赛中有效的进攻战术，这进一步促进了篮球运动向着队员高大型的方向发展。

2. 高大队员开始大量出现

在篮球比赛中，为了更为有效地应对场上出现的新情况，篮球规则在场地和时间上对进攻队进行了新的限制，例如：将一次进攻的时间限制为 30 秒；扩大篮下的限制区，由门字形限制区扩大为梯形限制区；20 世纪 60 年代中期曾一度取消中场线，直到 20 世纪 60 年代末才又恢复。

3. 篮球技战术得到全面发展

在篮球比赛中，扩大攻守区域，并做到高度和速度相结合，已经成为决定比赛胜负的关键，在此基础上篮球比赛中的攻守技术和战术也得到了很好的推动和全面的发展，例如，进攻中的快攻战术和防守中的全场紧逼人盯人防守战术，成为当时以快制高的重要手段。20 世纪 60 年代，世界篮球运动进入了普及与发展的新时期，并逐步形成了欧洲型打法（注重力量、速度、高度相结合）、美国型打法（注重高度、技巧、速度相结合）和亚洲型打法（以矮、快、灵、准相结合）。

（四）全面提高阶段（20 世纪 70 年代—20 世纪 80 年代末）

1. 比赛对抗更加激烈

随着篮球运动技战术的不断发展，篮球运动员在身高、控空高度和攻守转换速度等方面都有了较为明显的提高，篮球运动也因此被称为"巨人"们的游戏。篮球运动员在个人高度和技术方面达到了有机统一，在团队协作方面，也逐步形成了整体高空战术及地面与空间协同组合的战术配合。随着篮球比赛中速度和高度的对抗越来越激烈，篮球运动正向着高强度、高对抗、高速度、高技巧、高智慧、高比分的方向发展。

2. 竞赛规则日益完善

篮球竞赛规则经过多次修改后，增加了三分球和追加发球的规定，进攻时间的缩短也进一步提升了攻守转换的速度，这也使得新的篮球技战术体系得以构建。

3. 女子篮球发展快速

20 世纪 70 年代中期，女子篮球成为第 21 届奥运会正式比赛项目，进而掀起了第二次发展高潮。篮球运动人口数量日益增多，篮球比赛的方式也发生了变化，竞技水平越来越高，国际强队不断增多。

（五）创新发展阶段（20 世纪 90 年代之后）

目前，篮球运动进入了一个全新的创新发展阶段，篮球运动在该阶段的发展特点主要表现在以下几个方面。

1. 国际篮球联合会成立

20 世纪 90 年代后，经过国际奥委会的批准，职业篮球运动员可以参加奥运会比赛，这也为篮球运动的发展注入了新的活力，并为其发展提供了新的发展方向和渠道，篮球运动正向着将竞技化、智谋化、职业化、科技化、产业化、凶悍化等融为一体的现代化方向发展。1990年，国际业余篮球联合会正式更名为国际篮球联合会。

2. 竞赛规则得到适时修改

由于篮球运动技术动作的不断创新，战术配合越来越精湛，追求实效，阵形多变，运动员在场内的攻守区域部分逐渐趋向模糊，高空争夺也更加凶悍，这就使得篮球比赛越来越具有艺术观赏性。同时，篮球规则也对比赛速度、高空争抢、场地区域和攻守技术、战术的合理运用，以及全场比赛的时间和方式等都进行了新的规定，如将比赛的上下两个半时改为4节，并且每节的比赛时间限制为10分钟，交替拥有球权，实行3人裁判制。

第二节 篮球运动的特点与价值

一、篮球运动的特点

（一）组织的集体性与运动的快速性

1. 组织的集体性

作为一项同场对抗性项目，篮球运动的整个过程都充满着激烈的对抗，这种对抗性随着篮球运动水平的不断提高而不断增强。因此，球队若想在比赛中占据优势并取得优胜，除了运动员个人要具有精湛的个人技术外，球员与球员之间还要形成默契的集体配合。基于此，现在的篮球运动员特别注重提倡集体主义精神。只有人人为集体，集体才能使个人技术得到更为充分的发挥与创新，个人与集体两者是相辅相成、共同发展的关系。

2. 运动的快速性

在现代篮球比赛中，一次进攻必须在24秒内完成，否则便被判作犯规，这就给篮球运动提出了更快的速度要求。在保证运动快速性的前提下，篮球运动员还要继续加快进攻速度，争取场上的主动权和控球权；继续提高技术和战术运用时的衔接速度；继续提高攻守转换速度等。这些都给现代篮球运动赋予了新的含义，世界各国优秀篮球队都将有节奏的快速攻守配合、高质量的快速技术、快速强攻等作为奋斗目标。

（二）技能的开放性与竞争的对抗性

1. 技能的开放性

现代篮球比赛中，运用篮球技术与战术的条件和时机有着较大的差别，由于受到时间、位置、对手等外部因素的影响，运动员的技术动作组合结构与练习过程中的技术动作组合结构会发生不同的变化。而篮球战术的配合也并不是一成不变的，在大多数情况下运动员都需要根据当时场上的具体情况做出准确的判断和选择，对教练员的战术意图进行灵活的贯彻。由此可见，篮球运动是一项开放性的运动技能项目。

2. 竞争的对抗性

作为一项直接发生身体接触的对抗性项目，篮球运动中攻守的强对抗是其基本规律和基本特征。这种对抗性主要表现在有球队员与无球队员之间的对抗、无球队员之间的对抗、争抢篮球时的对抗、教练员之间的战术策略对抗、双方队员在思想作风和意志品质上的对抗。在竞争中，对抗作为一种高层次的表现形式，它可以更好地培养人的竞争能力和竞争意识，同时这种竞争能力和竞争意识也是现代所倡导的素质教育的重要组成部分。

（三）活动的娱乐性与比赛的观赏性

1. 活动的娱乐性

篮球运动最初是作为一项活动性游戏出现的，如今已成为人们喜闻乐见的全民健身娱乐手段。在篮球运动整个的发展与演变进程中，娱乐性始终是其特征之一，同时，娱乐性也是篮球运动得以生存和发展的重要因素。参与篮球运动可以从中实现自我价值，愉悦身心，促进身心健康发展；观看篮球比赛可以从中得到鼓舞和快乐，丰富业余生活，并从中得到满足和自信。

2. 比赛的观赏性

作为一种社会文化形态，篮球运动有着很高的技艺性和观赏性，它能使人的气质和优美形态得到充分的展现。此外，篮球比赛中众多篮球明星的出现也为比赛注入了强大的动力，这也使得篮球比赛的观赏性得到大大增强。在篮球比赛中，场上形式千变万化，胜利者的喜悦、失败者的沮丧都会令人难以忘怀，这也更好地体现出篮球运动极强的观赏价值。此外，世界优秀篮球运动员将篮球技术与智慧的运用升华到了艺术化的境界，这不仅仅体现出其所具有的个人才华，而且也给人们带来艺术上的享受和智慧上的启迪。

（四）技术的多元性与战术的多变性

1. 技术的多元性

技术多元组合也是篮球比赛的一大特点。篮球运动是以手控制球，并围绕着投篮得分展开攻守对抗为主要活动形式的运动，从而将复杂多样的技术动作充分展现。在篮球比赛中，这些技术均被运动员以组合的形式加以运用，活动结构呈现多元化。因赛场上瞬息万变的形势，篮球技术组合也呈现出随机性、无确定性、多样性等显著特点。

2. 战术的多变性

篮球运动是一种用手来控制球，并以投篮得分为目的而展开的攻守对抗的活动形式。因此，复杂多样的篮球技术动作也就造成了篮球战术的多变性特点。由于篮球比赛的不确定性，场上形势处于千变万化之中，围绕空间瞬时变化而展开的地面与空间、个人与集体配合相结合的攻守立体型对抗方式，成为现代篮球运动的重要特征之一。在大多数情况下，仅仅依靠固定的战术模式、固定的打法是很难应对比赛需要的，更别说获取胜利，所以在运用篮球战术时要富有机动性和灵活性。运动员要根据比赛场上的实际情况，做到随机应变，提高临场应变的能力，更为灵活地运用和变换战术，也只有这样才能为争取比赛优胜奠定良好的基础。

（五）打法集约多变与攻守转换迅速

1. 打法集约多变

集约多变的打法是现代篮球运动的一个突出特点。现代篮球运动已成为一项集约、多变、综合性的竞技艺术。随着现代篮球运动的不断发展，球员的行动也逐渐由个体转变到整体，技术、战术掌握与运用也由低级逐渐向高级发展，通过不断的创新和发展，篮球比赛过程较其他球类比赛更加复杂，技术动作繁多。战术阵形呈现出机动、集约、多变的特点，特别是对于优秀的运动队和明星队员来说，他们在掌握和创造性运用篮球技术、战术配合方面，已经达到非常熟练的程度，这就将技巧化、集约性、艺术化的显著特点充分体现了出来。同时，这也赋予了篮球比赛更多的生机和活力。根据空间的瞬时变化而开展的争夺，不仅能够将一些因素有机地结合起来，如空间与时间的结合，个体单兵作战与协同集约配合的结合，空间攻守与地面攻守立体型对抗的结合，对抗性与力量性、技艺性、计谋性的结合等，同时还能够充分反映出这些方面。这样，才能够将各世界强队各种类别的集约多变性攻守风格形式和打法特点综合反映出来，并且在瞬息万变的赛场上以不变应万变。通过自主掌握变化的主动权给对手造成一定的干扰，从而使得比赛更加精彩，使其戏剧性和观赏性的特点更加显著。

2. 攻守转换迅速

攻守时空转换是篮球比赛十分显著的特点。篮球比赛具有特殊的时空性和对抗性运动规律，具体来说，就是在一定的时间内围绕空间的球和篮筐展开攻守对抗。篮球比赛中，队员不但要主动拼抢控制球，同时还要对时间和空间位置面积进行有效的控制，这样能够对参与篮球竞赛的双方展开多元素构成的不同战术阵型与技术手段的立体型进攻、防守。与此同时，通过攻守的不断转换，在一定程度上促进双方的对抗，继而构成自身的运动系统工程，这就在一定程度上体现出现代篮球运动的独特高空运动规律与特点。

篮球运动时空立体对抗还在空间与地面全场紧贴对手、身体主动用力的个人防守技术方面得到体现。这种攻击性个人防守技术与近身格斗十分相似，极具破坏力与杀伤力。在进攻上，也使贴身强攻技术得到了一定的发展，如强行突破、强行投篮、篮下强攻技术，从而将篮球比赛的攻守时空对抗特点重复体现。

（六）体能与技术的紧密结合

良好的身体素质是运动员在激烈的篮球比赛中发挥技术和战术的重要基础和保证。现代篮球运动的比赛速度不断加快，高空争夺更加激烈。因此，运动员要在地面攻、守争夺中，将技术和速度紧密结合起来；在高空攻守争夺对抗中，将身高、弹跳能力与技术紧密结合起来。

在现代篮球比赛中，双方队员之间有频繁的身体接触，队员要想将技术充分发挥出来，就必须将身体力量与技术有机结合起来。对于身高条件处于相对劣势的球队来说，良好的身体素质和高超的技术是取得比赛胜利的保证，因此，在平时的训练中要将二者结合起来。

（七）运动文化体系的多元性

篮球运动既是一项综合性游戏，又是一个现代竞技体育的运动项目，更是一种社会文化形态。现代篮球运动已经形成了自己独特的运动理论和技战术体系，其内容结构具有多元性和综合化的特点。发展至今，篮球已经发展成为一门交叉性较强的学科，与篮球运动有关的知识也开始向着多元化的方向发展。多元性的知识要求运动员和运动队要具备特殊的运动意识、集体团队精神、生理机能、个性气质、心理品质、身体形态条件、道德作风、全面的身体素质、专项技术与战术配合方法体系及实战能力等。

（八）职业化与商业化相结合

职业化和商业化成为现代篮球比赛尤其是现代职业化篮球比赛的一个新的特点。这一特点在职业篮球比赛和篮球运动员、运动队中表现尤为突出。

现代篮球运动在全球得到蓬勃发展，究其原因，主要有两个方面：第一，现代篮球运动具有健身强心、文化娱乐、启示教育等功能；第二，世界各国成立了许多职业篮球俱乐部，促使篮球竞技水平逐步提高以及篮球赛制不断完善。随着篮球运动员智能、体能和技战术水平的逐步提高，篮球运动的职业化进程不断加快。二十世纪八九十年代，美、欧、亚等地区建立了大量的职业篮球俱乐部，尤其是二十世纪九十年代国际奥委会同意美国 NBA 职业篮球队参加国际大赛后，全球职业化篮球已逐渐发展成为一项新兴产业。

随着现代篮球运动的职业化程度的不断加深，篮球运动也逐渐表现出了商品化的发展特点，这主要在职业篮球运动员和职业篮球比赛、运动队的运动技能水平与运动成绩等方面得到体现，篮球运动的组织体制、赛制和训练管理机制的商业化气息也越来越浓。由此，国内外重大篮球竞赛组织者借助电视传播、广告、授权产品、体育器材以及发放彩票、超国界转让队员和球队等各种形式开展营利性经营。现代职业篮球比赛中的商业化特点越来越显著。

二、篮球运动的价值

（一）篮球运动的健身价值

1. 促进生长发育

篮球运动是一项拉长肌肉和关节的全身运动，经常打篮球，不断地跳起抢球、舒展身体，不断地进行投篮，拉长身体肌肉，都会促进身高的增长，特别是正处于生长发育期的青少年，经常参加篮球活动是长高的最有效的方法之一。经常参加篮球活动的青少年要比不参加活动的青少年的身高多增长3～5厘米。同时经常从事篮球运动还能有效地消耗脂肪、控制体重，获得匀称修长的身材。

2. 提高身体素质与增强体质

跑、跳、投等动作是篮球运动的基本运动技能，这些都可以均衡地发展人的身体素质。此外，篮球运动还能够使人体感受器官的功能增强，提高分配和集中注意力的能力及时间、空间的感觉能力和定向能力，提高中枢神经的灵活性，以及支配、协调器官的能力。长期坚持参与篮球运动，可以开阔人的视野，增强各感受器官（尤其是视觉感受器）的功能，提高分配与集中的能力，使动作更加精细化，还可以提高人的空间、时间和定向能力。在篮球比赛中，比赛节奏的不断变化能够使人的神经中枢的灵活性和协调性得到锻炼和增强，同时还可以提高其对其他器官的支配和协调能力。

（二）篮球运动的健心价值

1. 愉悦身心

篮球运动具有娱乐性。篮球比赛对很多观众有着较大的吸引力，因为从运动员的精彩表演中，人们不仅能够获得美的享受，同时还能够获得很大的满足感。因此，篮球运动使人们的文化生活得到了进一步的丰富，具有愉悦身心的功能。

2. 培养良好的意志品质与促进心理健康

由于篮球比赛是在激烈的直接对抗中进行的，这就要求运动员除了具备必要的良好技术和较高的身体素质外，更要具有坚强的意志品质，来应对对方的身体或手臂造成的阻碍，克服体能下降的影响，在比分交替时控制好强烈而鲜明的情绪等。由此可知，参与篮球运动和比赛就是人们在参与的过程中克服各种困难来实现预期目标的一种意志过程，是考验参与者勇敢、果断、顽强等意志品质的过程，实质上也是意志的较量。要想在极度复杂的困难条件下，与强有力的对手进行顽强的斗争，进而争取比赛的胜利，就必须具备坚强的意志品质。篮球运动可以培养人们坚韧不拔、勇敢顽强、吃苦耐劳的意志品质，同时也能培养人们独立工作的能力，提高自制力，克服人体的生理惰性。

此外，现代篮球运动能够使人的个性得到张扬，从而使人的个性得到更为自由的发展。篮球运动为人的个性发展和个性的张扬提供了更为广阔的演练空间，人们可以选择表现自己的个性，如塑造拼搏进取的人格精神、品尝胜利欲望的满足、追求内心的自我超越，或表现健康向上的生命力。篮球运动既是使人的个性得到张扬的过程，也是塑造人格精神的文化熏陶过程。

3. 培养竞争精神与团队协作精神

竞争是篮球运动的根本属性，作为一项集体对抗性项目，篮球比赛可以使队员们齐心协力、团结配合。在篮球比赛中，突分、传切、策应和掩护等战术组合的完成，均需要 2～3 人的协同配合。只有通过群体内的协同与合作，才能达到良好的攻击效果。而在防守方面，综合多变的防守战术体系的成功执行更需要全队的密切合作、协同行动。

合作可以互补，能够把较为松散的个体有机地组合成协同作战的集体，并使个体之间树立统一的目标、统一的思想，通过相互沟通理解的战术形式，形成一个有机的整体，与对手展开竞争对抗。在现代社会中，集体精神和团队合作具有普遍的社会意义，随着社会竞争越来越激烈，必须学会在竞争中寻求合作。

（三）篮球运动的教育价值

1. 规范个体行为

在篮球运动中，个体的行为受到了一定的规则约束，即个体的行为需要在规则允许的范围内，所以要养成自觉遵守规则的行为习惯。每一个个体都要具有强烈的责任感和敬业精神，要表现出全力以赴的精神风范，获得社会规范的认同。在激烈的篮球比赛中，身体的直接对抗无法避免碰撞的发生，因此，在进行合理碰撞的前提下，个体要以争占有利位置或力争球权为目的，而不是以伤人为目的、以投机取巧为手段，这些都是规则中所不允许的，这也违反了体育道德精神。

2. 促进人的社会化

除了具有竞技功能外，篮球运动还具有人文功能，人们也越来越认可人文篮球这一观点，并在篮球运动的比赛和训练中进行应用。在篮球的训练和比赛中，运动员可以学会如何做人、如何做事，并促进自身人格的塑造，从而建立人性化的篮球运动。人文教育有助于人的全面教育；有助于弥补运动员的不足；有助于抵制竞技异化，促进竞技人性化。

3. 良好生活习惯的养成

篮球运动是一项集体运动，它对团队成员在训练方面是有一定要求的。这些基本要求都有利于规范现代人的作息时间，保证必要的营养等。

(四) 篮球运动的社会价值

1. 提高个体的社会适应能力

篮球运动能教会运动者竞争与合作。竞争与合作是现代人必须具备的重要个人能力和素质。现代社会竞争激烈，但是一个人的竞争力始终有限，因此只有通过团队协作才能真正在社会竞争中取得胜利。在现代社会中，集体精神和团队合作具有普遍的社会意义，随着社会竞争越来越激烈，必须学会在竞争中寻求合作。

此外，参与篮球运动可以在运动过程中结交许多志同道合的朋友，在丰富个人业余文化生活的同时，增进与他人之间的友谊。

2. 提高国民体质

篮球运动因其具有的独特的趣味性和普适性，受到大众接受和喜爱。通过参与篮球运动，可以促使运动者的力量、耐力、速度、灵敏度等身体素质得到全面的发展，同时也能够使运动者注意力的分配和集中能力得到保持和提高，提高运动者的控制空间、时间以及定向的能力，提高和保持神经中枢的灵活性及其支配协调各器官的能力，并改善各内脏器官的功能，从而使运动者的体质水平得到提高。

3. 推动社会发展

在我国实施的"全民健身"计划和"奥运争光"计划的过程中，竞技篮球和大众篮球都同样具有很强的吸引力。如今，大众篮球比赛已经进入商业化阶段，对经济的发展、市场的繁荣和效益的创造起到了积极作用。大众篮球也因不受年龄和性别等因素的限制，使越来越多国民参与其中，它能够积极地促进人们的身心健康，提高人们的劳动、工作和学习效率；同时也能丰富和活跃人们的业余文化生活，起到振奋民族精神、推动社会发展与进步、促进社会主义精神文明建设的作用。

第三节　篮球运动技战术的发展演变

一、篮球运动技术的发展演变

（一）篮球技术发展演变的影响因素

在篮球技术的发展过程中，受到多种因素的影响，要想研究篮球技术的发展问题，就不得不对影响篮球技术发展的因素进行了解，其中比较重要的主要有以下几种。

1. 人员因素

篮球运动是一项集体运动，人与人之间的特殊关系与篮球技术的发展息息相关。运动员是篮球技术主体的操作者，直接影响着技术的质量与发展，而指导者的组织、身教、经验等对篮球技术的发展起着重要的作用，科研人员对篮球技术的研究也发挥着越来越积极的作用，他们之间结成了主体、主导和协作相辅的关系。其中人是最重要的因素，从设计到实践，从教学到训练，从改进到完善，从研究到创新，是促进篮球技术发展的内在动力。

2. 物质因素

篮球运动需要一定的场地、器材、设备等，这些物质条件和因素也在一定程度上促进篮球技术的发展。最典型的要数专业篮球运动鞋的问世，可以说，篮球鞋是体育科技引领下的完美产物，它拥有人体工程学和针对篮球运动损伤特点的设计，球员穿上这种球鞋后可以更加轻便、灵活地做出急停、急转和快速变向等动作，进而为篮球技术的进一步发展注入强心针。

3. 规则因素

规则是篮球运动的重要组成部分。篮球是一项争夺激烈的竞技运动，竞赛规则对篮球技术的发展有着导向的作用，影响着攻守技术之间平衡与不平衡的发展。规则的具体规定在一定的时间内也直接制约或推动着某些篮球技术与战术的发展速度。篮球竞赛所创造的竞技环境与条件，也使篮球技术得以表现发挥、广泛交流、相互学习和共同提高。例如，三分线的出现促进了球员远投技术的进步；合理冲撞区的设置鼓励双方球员练就在篮下的合理身体对抗技术等。

4. 商业因素

商业化是篮球运动的发展趋势，是社会经济影响下的必然结果。篮球竞赛的商业化发展趋势，也使篮球技术受到市场价值规律的驱动并产生积极的影响。只有篮球比赛更加激烈精彩，才能吸引到更多的观众，由此才会使围绕篮球竞赛进行的各种商业开发活动更具意义和效果。因此，从篮球技术发展的角度上来说，更新颖、更刺激和更绚丽的技术自然能够博得更多眼球。在此种观念的推动下，篮球运动员创造了无数花哨的技术，如花式扣篮、远距离投篮等。尽管这些精彩的技术在比赛中不能经常见到，但无可置疑的是这些技术的确是为满足商业化需求而发展的，对篮球运动的发展有间接推动作用。

5. 科技因素

科学技术的进步与体育运动的发展之间有着十分密切的关系。当今体育科学中的许多基础学科和边缘学科的发展，使得它们的理论与方法为研究篮球技术的理论和动作方法的更新提供了依据，起到了指导和论证的作用。同时在教学、训练、竞赛、科研等领域中，运用一些先进的科技手段，可有效促进篮球技术的发展。

（二）篮球技术发展演变的历史进程

1. 快攻、跳投、紧逼防守（20世纪50年代）

以我国篮球运动技术的发展演变为例，篮球运动传入我国之初，只是作为一种游戏和体育课堂的教学内容存在，从国家的层面上并没有将之列入主要的体育竞技范畴，因此在这段时间内，篮球运动在我国的发展缓慢，水平也较低。这一情况直到新中国成立后才有所改观。从20世纪50年代起，我国竞技篮球运动获得了快速的发展，形成了具有自身特色的篮球技战术风格。在当时，由于受到南北地域文化不同的影响，衍生出了"南派"和"北派"两种技战术风格的篮球打法，再加上此时党和政府将篮球运动列为强身健体的"标杆"式运动项目，一时间，企业、学校等团队纷纷开展篮球运动，由此获得了我国篮球运动发展的一个高峰。当时我国篮球界根据我国人民的身体素质和技战术水平的实际情况提出了"以投为纲",发扬狠、快、准、灵的风格,"以我为主、以攻为主、以快为主、以小打大、积极防守"的战术指导思想和"积极、主动、快速"的训练指导思想,这是我国竞技篮球运动发展的一次有益的探索。

2. 重视中锋的作用（20世纪60年代）

位置分工在篮球运动中具有十分明确的规定,不同位置的队员对战术的组织具有不同的影响。由于打法的不同,球队中的位置分工并不绝对固定,但普遍来说均会设有中锋这一关键位置。中锋不论是在进攻端还是防守端都是组织攻防的核心,因此,在20世纪60年代期间,中锋的技术风格成为每支球队都非常重视的内容。我国在这一时期也开始关注中锋在球队中攻防两端的作用,可由于身高不足的客观现状,强行照搬内线攻防的打法非常不实际。自此以后,全国各级球队在选拔篮球人才时都非常注重选拔高大队员,在运动训练中,采用围绕中锋的打法进行训练。

3. 力求技术的全面性（20世纪90年代后）

（1）高与灵的结合

时空权是篮球运动中争夺的重要焦点,篮球运动中篮筐离地10英尺（3.05米）,从篮球技术原理的分析中就能得知,无论是投篮出手角度、球体入筐面积还是防守技术,身高相对更高的人必定会占有更多的优势。因此,正因为这一特点,篮球也被人们称为"巨人的运动"。身高和制空优势是篮球比赛取胜的重要前提。这点首先会从运动员的选拔工作入手,在今后的一段时间内高空优势仍然是世界强队追求的目标。但我们应该清楚地认识到,世界篮球在追求高度的同时并没有忽视"灵活"对篮球运动的重要意义,而且并非越高越好,因为身高过高,身体的灵活程度和弹跳能力会受到一定的制约。随着空间争夺的激烈,高大运动员日趋高中有灵、高中有巧,这是世界优秀高大运动员的特点。

篮球运动,只高不灵,或者只灵不高,都不能适应世界篮球运动的发展。当今世界篮球发展的趋势是既要有高度,也要强调灵巧,两者缺一不可。当然,球员身高的高与矮还与场上司职的位置有关,如中锋球员通常是身高最高、体重最大的;前锋球员要兼备较高的身高和灵活性;后卫球员的身高普遍最矮，原因在于他们要拥有最佳的灵活度用以串联场上其他位置的球员。

（2）快与准的结合

随着篮球运动的发展，人们对速度的理解也将更加全面和合理。篮球运动发展历程中，规则的改变一直受到人们的关注，而历次规则的改变都会带来这项运动技战术方面的革新。其中最为典型的要数起初不设定进攻时限到如今的进攻方需在 24 秒内完成进攻，以及在底线发球后 8 秒内必须将球运过中场等规则。这些规则上的变化将篮球运动引向更加追求快节奏和高强度的方向。与此同时，球员必须通过提高技术水平以适应更高的强度和对抗，在战术方面也必定有与之相适应的战术产生。现代篮球非常重视有节奏地加快攻守转换速度，从而增加快攻反击的次数，使快攻得分率提高，在速度、高强度对抗中保持较高的投篮命中率。以速度争取主动，以争取时间来控制空间，赢得胜利，这些是现代篮球比赛对抗的又一个特点和趋势。

现代篮球训练十分重视培养运动员比赛中的快速意识，同时提高转换技术和运用技术的速率，强化攻守转换的整体速度，快攻将进一步发展，阵地进攻将进一步精炼而有实效，个人投篮强攻能力将会进一步提高，比赛也将随之进一步紧张激烈。这一趋势促使高度与速度结合得更完美，促使当代篮球运动向更高层次发展。

需要注意的是，追求快速是规则变化的要求，在此之中也要关注进攻的成功率与得分率。速度应在保持成功率的前提下提高，失掉成功率而换取速度不仅会失掉胜利，也终将失掉观众。

（3）凶悍与智取相结合

攻守对抗日趋激烈是现代篮球运动的特点之一，在现代篮球比赛中，只有敢于对抗，才有取胜的条件。对抗体现在技术对抗、身体对抗、战术对抗、心理对抗和智力对抗。现在人们已普遍意识到强悍作风与拼斗能力的重要性，世界强队在拼斗凶悍的基础上，更注重"智""谋"。例如，现代篮球比赛防守过程的凶悍性、主动性、力量性和破坏性日趋激烈，充分讲究技巧，进攻中也是如此。顽强与技巧结合才是技术，这也将是篮球技术发展的一个很重要的趋势。有智谋地拼斗，才能拼出一个新局面，这已成为普遍认可的当代篮球新观点。

总之，篮球技术的发展经历了一个较长的时间，才最终成为今天人们看到的样子。但是，今天的篮球技术仍旧表现出动态的形式，它仍然在向前发展着。

二、篮球运动战术的发展与演变

（一）篮球战术发展演变的影响因素

篮球战术的设计和执行会受到多种因素的制约和影响。因此，为了制订最为合理有效的战术，就必须将这些因素考虑其中。总的来看，做到这点需要在战术准备过程中明确以下因素与战术的关系，具体包括技术、行动意识、谋略和战略等因素。

1. 技术对战术的影响

技术的水平对战术的水平和运用效果起着决定性作用。篮球战术是由多种具有针对性的技术组合而成的。因此，球员的技术水平就成为战术发展的重要因素。只有技术过硬的球员，才能使战术的执行更为顺利，特别是对于发展速度越发加快的篮球运动而言更是如此。良好的篮球战术水平依赖于一定战术数量与高质量的技术，没有技术就没有战术。而且，战术是技术运用的组织形式，为技术的发挥创造条件。由于战术的需要，某些特定的战术必然要求有相应熟练而准确的技术，甚至需要技术的创新来实现，如参与掩护投篮战术的球员，投手必须具备出色的投篮能力，否则通过掩护创造出了投篮机会，因为投篮技术欠缺，也仍旧不能达到得分的目的。

综上所述，篮球技术对篮球战术有较大的影响，它们之间是内容与形式的辩证关系。战术运用的实质是在比赛中通过组合与配合的方法去创造机会或是相互帮助，而机会的把握和动作的协同都是要通过队员的技术来实现的。从这个意义上讲，战术对于确定球队的发展方向、风格和特点，以及推动球队技术的进步等方面，都起着重要的作用。

2. 战术意识对战术的影响

一般来说，战术意识在一定程度上影响着战术运用，两者成正相关的关系。也就是说，战术意识愈强，战术运用实现的概率就越大，越能在比赛中根据对具体情况的观察及时做出正确的判断和应对，能动地、果断地配合同伴或独立地完成本队的战术意图。从某种角度来说，球员的战术意识对战术更为重要，因为球员对意识的领悟并不是通过后天训练就可以达到较高水平的，这其中还有球员的意识悟性强弱问题。这就是为什么有些球员在聆听完教练的战术布置后就能立刻明白他的意图，而有些球员很难在短时间完全理解。

在篮球运动中，战术的实现不仅需要过硬的技术作保障，同时它还需要球员有强烈的战术意识。战术意识应理解为队员在篮球比赛中对战术运用规律性的认识与正确行动，它是篮球意识的核心。从战术角度而言，战术行动反映着队员的竞技能力和经验，行动反过来也促进意识的培养，在比赛中意识支配行动，行动反映意识，两者辩证统一。

3. 谋略对成术的影响

篮球谋略是指具体的计策计谋，是体现队员篮球意识中施计或应变的思维活动，是在比赛中对战术运用的速决方案。篮球谋略是队员智慧的瞬间表现，对抗出智慧、对抗出谋略，竞技篮球比赛本身就是智慧的竞争，化谋略为正确的行动去战胜对手，争取主动，对完成具体的攻守任务和整个比赛获胜的目标而言，两者是紧密联系、缺一不可的。再好的战术若由无谋、无术的人去运用，也不可能在复杂对抗中取胜。

4. 战略对战术的影响

和谋略对战术的影响相比，战略对战术的影响表现得更为宏观一些。战略是对比赛全局的策划与指导，是领导比赛的艺术；而战术则是比赛中所采取的具体行动，是队员作战的才能。战略和战术是否得当，在很大程度上决定着篮球比赛的胜负。从整个比赛全局来看，战略占主导地位，它决定比赛的最终目标，战术则应服从于战略。但战略目标的实现又取决于战术任务完成的质量。因此，两者既是从属关系，又是依存关系，相辅相成。战略较为宏观，它在实践中的使用主要是在长期训练比赛中，如在赛会制比赛或延续时间较长的联赛制比赛中，从整体把握球队的体能状况和心理状态等，甚至还会根据队伍的情况有取舍地对待不同强度的比赛等。

（二）篮球战术发展演变的历史进程

1. 快速灵活、全面准确（20 世纪 70—20 世纪 90 年代）

就我国篮球运动战术的发展而言，从 20 世纪 70 年代开始，我国篮球运动确立了赶超国际水平的新目标，从中国实际出发，较全面完整地确定了

"积极主动""勇猛顽强""快速灵活""全面准确""以小打大、以快制高、以巧胜大"的篮球运动训练指导思想和贯彻"三从一大"的科学训练原则。我国篮球运动的技战术水平从此得到了迅速的恢复与发展。

2. 重视战术综合运用与战术创新（21世纪之后）

（1）全面与特长相结合

现代篮球运动的发展趋势要求运动员掌握全面的技术，能攻善守，同时在某一项技术上应有超人的本领。全面与特长结合是现代篮球运动发展的要求，也是一个发展的趋势。技术全面为在对抗中灵活运用技术和战术变化奠定基础，而运动员对某一项技术在实战中不断地提炼创新，最终形成了个人的特长技术，现代世界篮球明星均是全面与特长结合的典范。

（2）常规与创新相结合

创新是现代篮球的灵魂所在。技、战术只有不断创新，才有活力，才能不断突破前人的成就，篮球运动才能不断发展。常规和创新结合，能产生不同流派和风格及多种多样的打法。因此，创新是现代篮球发展的突出特点和趋势。

然而创新是在认识与把握篮球运动本质特征与规律的基础上，对篮球运动发展趋势的真正理解和认识，是基于对当今世界篮球运动发展现状的客观掌握和了解。运动员、教练员以及篮球界的学者们都应在篮球运动的实践中不断地创新，促进篮球运动的不断发展。

（3）个人与集体相结合

篮球运动是一项集体项目，一方面，一场比赛需要球员的默契配合才能达成战术设计，因此，注重团队配合是每支篮球队都非常关注的内容，同时培养球员之间的默契也是日常训练的主要内容。另一方面，每名球员又都拥有一定的自由度，服从集体的意志并不完全代表球员在队伍中"丧失自我"，服从集体不意味着个人的发挥被抑制。

个人与集体的结合，正是篮球运动的魅力所在。个人超水平的发挥也是人们在比赛特定时刻非常期待的场面，因此，现代篮球队中几乎都有1～2名核心球员，他们或是拥有出众的技术，或是在球队中拥有极高的影响力，使他们能够在比赛的关键时刻挺身而出，带领球队战胜一切困难获得最终的胜利。

总之，注重个人与整体的技战术风格是符合世界篮球运动发展潮流的，有利于篮球运动的进一步发展。

第二章　高校篮球运动教学创新能力的培养探索

当前，世界各国综合国力的竞争、知识创新的竞争以及新型人才的竞争等都愈演愈烈，这些竞争从根本上来说是通过教育有效培养创新人才的竞争。教育以创新能力的培养为目的是时代发展的要求，衡量教育成败的最高标准是教育是否有效培养了人的创新能力。同样，我国篮球运动的发展离不开创新人才的推动，教育尤其是大学生教育，其对创新人才的培养能够有效促进我国篮球运动的发展。在培养篮球专门人才方面，高校尤其是体育院校发挥着重要的作用，而对篮球大学生创新能力的教育更是非常重要的教学环节和可靠途径。所以，在高校篮球教学中，培养大学生的篮球运动创新能力是不容忽视的重要任务。

第一节　篮球运动创新能力培养的策略

当前，我国高校教育的核心是培养大学生的创新能力，具体策略与方法如下。

一、加强高校教师队伍学科建设

高水平的学科带头人队伍和高质量的学术成果对增加我国篮球运动创新能力培养的实现程度和提高培养质量具有积极的促进作用。现阶段，篮球学科的前沿领域、篮球学科与相关学科的渗透领域和多学科的交叉领域是我国培养大学生创新能力的几个主要领域。我国必须从篮球学科建设出发来培养大学生的创新能力，做好重点学科建设工作，对相关新兴学科、交叉学科的发展予以扶植，同时围绕篮球重点学科来带动其他学科的发展，促进篮球教学和科研水平的提高，进而提高篮球学科发展的整体水平，促进篮球学科体系的形成与完善。篮球创新教育对高校教师队伍的管理提出了以下几方面的要求。

（一）严格筛选高校教师

高校教师的筛选制度主要是指导师能上能下的制度，对该制度的实施必须严格，而且应本着对学生负责的态度来加以实施，从而建设高素质、高水平、高质量的导师队伍。

（二）提高高校教师队伍的创新素质、创新能力及学术水平

高校创新教育对高校教师的创新能力和科研能力提出了较高的要求，高校教师的学术造诣要深厚，要有能力深入研究多种学科的前沿问题，了解篮球学科相关的知识，这样才能够带领学生走向学科前沿，探索创新领域，使学生获得更多的收获和创造性成果，使其创新能力得到培养与提升。

（三）推行集体指导和联合培养的制度

要拓展学生的学科知识，培养学生的创新能力，就要打破师傅带徒弟式的传统指导方式。高校教师指导小组不应只包括本校教师，还应适当吸收一定比例的校外、国外交叉学科的专家，将集体指导和联合培养的方式结合起来实施创新教育。这样学生就能向多位导师和专家学习，这有助于促进学生学术视野的拓宽、创新思维的活跃和创新能力的提升。

二、改变传统篮球教育体制，为篮球运动创新能力的培养开辟新渠道

（一）在人才培养的整个过程中贯穿创新教育

高校仅仅通过开设几门必修课、选修课和限选课是无法有效培养学生的创新意识和创新能力的，而只有将创新教育贯穿到学生培养教育的整个过程中，才能获得良好的培养效果。高校要努力创建有利于培养创新意识和创新能力的教育环境与氛围，使学生在篮球教学的每个环节和步骤中都能潜移默化地受到创新教育，从而使创新意识和能力逐渐得到提高。

（二）转变传统教育思想，树立创新教育观念

开展创新教育的前提条件是树立创新教育观念，创新教育观念主要有以

下几种：以人为本的教育观念、以学生为主体的教学观念、促进学生全面发展的质量观念、培养创新人才的教育价值观念。

在体育院校和普通高校开展创新教育，要从根本上切实转变传统上单纯以继承为中心的教育观念，对继承与创新的关系进行正确处理，以人为本，对人的创新能力进行开发，培育创新精神和实践能力，具体应从以下几方面努力：

第一，在大学生教育目标上，转变以传授知识、开发智力为中心的教育观念，将传授知识、培养能力、提高素质融为一体，促进大学生的全面协调发展。

第二，在教学内容上，转变以狭隘的专业教育为中心进行课程系统构建的教育观念，加强基础教育，拓宽教育途径，通过丰富的教育内容促进教育对象适应性的增强。

第三，在教学方法上，转变以教师为中心、以灌输知识为主的教育理念，培养学生的主体意识，促进学生主体作用的发挥。

第四，在人才培养模式上，建立多样化的创新培养模式，采取科学有效的培养方式来提高篮球运动创新能力的培养效果。

总之，要真正将创新视作教育的出发点和最终归宿，立足于对大学生创新意识与创新能力培养的创新教育观念来开展培养工作，并将此作为衡量我国高校篮球培养质量的一个重要标准。

（三）培养学生“存疑”和“求异”的思维

“存疑”就是敢从一定的理论高度怀疑前人、专家等的各种观点、理论和结论，同时提出自己的看法；“求异”就是敢提出不同于他人的观点。

“存疑”和“求异”都是发散思维的表现。大学生要有发散思维，要具备这样的可贵品质，发散思维是创新的基础条件。如果丝毫不敢怀疑已有的结论、观点、理论，认为书上的知识和导师的观点是绝对的真理，又不敢提出自己独特的观点，考虑问题的思维固化，则很难实现创新能力的提高。因此，在素质教育理念下，要重视对学生“存疑”和“求异”的思维方式和品质的培养。

（四）改革篮球教学方法，实施创造性教学

在高校教育中，大学生是学习和发展的主体，体育院校和普通高校要将

大学生学习的主动性、操作的独立性和思维的创造性充分调动起来，特别要重视培养大学生的独立研究能力和发展创新能力，完善学生的培养制度，建立实施细则，将篮球教学的创新性充分体现出来。

首先，加强对篮球教学方法的改革，强调师生互动，关注教学对象的个体差异。

其次，鼓励高校教师发挥自己的创造能力，创建开放式课堂教学环境，增加课堂活力，使学生敢于表达自己的想法，加强师生间的协调配合。

最后，将教师的主导作用充分发挥出来，将多种体育教学方法综合运用到篮球课堂上，启发学生发现问题、分析问题与解决问题，引导学生主动探索真理，并体验探索的乐趣。在对篮球及相关科学知识进行传授的同时，将学生的创新性思维能力作为培养的重点，并且使篮球教学实践反映出创新性的社会艺术，这样才能将学生挖掘篮球运动新知识和探索新的学习方法的热情与积极性激发出来。

（五）加强实践教学，培养创新能力

篮球创新教育的实施和对学生创新能力的培养都离不开篮球实践教学，这是培养学生篮球实践能力和创新能力的一个重要环节。

首先，通过教学试验、公开课、观摩课、课程设计、校外社会实践等教学实践环节，对学生的基本学习能力、综合分析能力和创新实践能力进行培养。

其次，在篮球实践教学中对学生的科学思维方式和严谨学习作风进行培养，促进其观察、分析和解决问题的能力的提升。

再次，不断充实与开发篮球实践教学内容，注重教学内容的综合性、创新性。

最后，加强篮球实践教学与科研的有机结合，建立产、学、研相结合的模式，从而为我国篮球运动的新发展提供新动力，将学生的自主性和创新性突显出来。

（六）高校提供广阔的校园文化空间，以培养学生的个性

平庸蕴含于标准化之中，创造性蕴含于个性之中。大学生是在一定的生活、教学和科研环境下实现个性发展的，各种生存环境的相互刺激对大学生个性的形成与发展具有推动作用。一个人做出主动的、独特的反应，某种意义上是环境不断刺激的结果，这对于个体来说，也是发展个性的机会，其个

性在特定环境下会得到一定程度的发展。反之，如果个体具有的个性化和独特性的表现总被环境否定，则其个性就会自然而然地收敛，甚至失去自己的个性。

在高校创新教育中，一定要鼓励大学生敢于质疑，勇于发表自己的观点，营造宽松的文化知识氛围以促进他们自由表现。体育院校要建立自由宽松的学术场所，为师生自由交流和学生获取知识信息提供重要平台，并通过不定期举办科学报告会、创新成果展和学科竞赛等营造浓厚的学术氛围，将学生的创造欲望激发出来。体育院校还应创建良好的校园文化以推动大学生创新能力的培养。

（七）改革人才培养的管理制度

挖掘人的潜能、发挥人的价值、发展人的个性是创新管理的真谛，这是现代管理学理论的一个基本观点。新时代呼唤创新精神，在篮球教学管理中，更应当使大学生及从事篮球管理的相关人员的积极性、主动性和创造性得到最大限度的发挥，这就需要加强高校管理制度的改革与完善。

第一，应将"以人为本"作为篮球教学管理的理念，在这个理念下进行教学管理，有助于促进科学严谨、生动活泼、宽松有序的大学生成长氛围的形成，从而更好地对大学生的创新能力进行培养。

第二，全面推行完全学分制，对统一要求的、僵化的篮球教学管理模式进行改革，加强弹性管理。

第三，全面推行选课制，实行开放式教学和分层次教学，将必修课分成多个不同的层次和模块，尊重学生选课的自主权，提高学生选课的自由度。

第四，管理上明确提出统一要求，并为挖掘大学生的潜力、发展大学生的个性创造良好的条件。

第五，建立与完善人才激励机制。制定有利于激励体育院校培养大学生创新能力的政策，建立能够激励创新型人才脱颖而出的管理制度。

第六，建立健全人才评价机制。对大学生质量的评价不能仅看其掌握知识的多少，而应建立一套科学的评价体系，评价内容、方法和标准要能够将大学生的创新意识、创新素质和创新能力充分体现出来，在大学生综合素质评价中，将大学生创新能力作为一项重要评价指标。

三、激发和强化大学生的创新意识

培养大学生的创新能力，首先要培养其创新意识。要对大学生的创新能力进行培养，就要从多个层面激发与强化其创新意识，具体方法包括：

第一，加强思想政治教育，增强大学生振兴中国篮球的历史使命感和责任感，激发其创新热情。

第二，构建适应创新教育的知识结构和能力结构，将培养大学生的创新意识贯穿到各个教育实践环节。

第三，建立激励创新机制，对篮球运动创新给予鼓励和支持。

四、重视篮球教育过程中对创新能力的培养

（一）改革篮球教学的内容

以篮球运动的发展规律，篮球学科的理论前沿、实际问题、最新技战术理论，世界篮坛的发展趋势等为着眼点设置篮球教学内容，分析篮球教学的最新动态，激发大学生的创新激情，培养大学生的创新能力。

（二）改革篮球教学的方法与模式

在高校篮球教育教学中，改变传统教学模式，探索新的教学方法，通过讨论式教学、案例教学、专题讲座等激发大学生学习的积极主动性，将现代化的教学手段运用到课堂中，提高教学效率和教学效果。

（三）改革篮球课程考评方式

高校篮球课程考试应重点对大学生发现问题、分析问题、思考问题及解决问题的能力与创新性进行考查，而不是简单地考查大学生对所学知识的理解和记忆情况，否则难以培养与提高大学生的创新意识、创新思维和创新能力。考核应采用综合的质量评价方法，评价方式有专题讨论、课题研究、训练比赛实践活动等。

第二节　篮球运动创新能力培养模式的构建

一、篮球运动创新能力培养体系的组成

我国篮球运动创新能力的培养体系包括：篮球运动组织管理创新能力、篮球后备人才培养创新能力、篮球教学训练创新能力、篮球技战术创新能力、

篮球竞赛理论创新能力、篮球运动基本理论创新能力、职业篮球理论创新能力和竞技群众篮球理论创新。这是根据我国教育部和各省市教育管理部门的有关文件指示精神、我国社会发展情况及世界篮球发展趋势而构建的系统，每个创新系统中又包含若干子系统。

二、篮球运动创新能力培养模式的建立

篮球运动创新能力的培养模式体现了大学生的培养是在师生的互动作用下进行的双边活动。教师发挥重要的主导作用，主要体现为合理设计篮球教学过程和组织篮球教学活动，通过运用有效的方法促进篮球运动技术水平的提高，推动篮球教学、篮球训练、篮球比赛、篮球科研的发展。

根据我国的高校教育体制及大学生培养现状，在篮球运动创新能力培养中应对以下三种模式进行构建。

（一）建立篮球运动大学生创新能力的发现模式

发现大学生创新能力的途径有课堂考查、面试考查、专家考查、重点考查、报告考查和举办实践活动等。

（二）建立篮球运动大学生创新能力的培育模式

培养大学生创新能力的途径主要有培养创新意识、培养创新思维、培养创新技能、培养创新情感和创新人格以及学研合作教育。

（三）建立篮球运动创新能力的奖励基金模式

体育院校与普通高校积极筹措基金，对大学生基金奖励制度进行制定，从而激励大学生积极主动地投入创新中，这有助于对大学生创新思维能力的培养，有助于促进篮球专业人才的综合素质的提升，从而与我国社会转型和世界篮球运动的发展趋势相适应。

总之，要实现我国篮球运动的进一步发展，就要加强篮球运动创新能力的培养，从实际出发改革体育管理体制和大学生教育体制，转变思想，更新观念，科学建构创新性的培养体系，为今后我国篮球运动的发展明确方向、厘清思路、突出重点。此外，通过培养大学生的创新能力，提高我国篮球人才的综合素质和我国篮球运动的综合水平。

第三章　高校篮球教学系统各要素及其创新设计

篮球教学是由教学理念、教学内容、教学方法、教学评价等一系列要素组成的有机整体。篮球教学体系的优化与教学质量的整体提高离不开对各组成要素的改革与创新。在篮球教学中，要充分认识到各组成要素的地位与重要性，厘清这些要素之间的相互关系，在创新理念下科学设计各个要素，从整体上促进篮球教学系统的最优化。

第一节　篮球教学的创新性研究

一、篮球理论与实践有机结合

篮球理论教学内容包括丰富的篮球文化及崇高的体育精神等。在篮球教学中实施这些内容，为师生之间的互动交流提供了良好的空间与机会，通过交流互动，教师对学生的需求有更加全面的了解，从而在篮球教学过程中进一步丰富教学内容，让学生对篮球运动有更加深入的了解，促进其学习兴趣的增加和学习积极性的增强，进而促进篮球教学与训练质量的提升。

此外，在篮球教学实践中，应有机结合篮球理论与训练，全面提升学生的篮球技术水平，对学生的终身体育意识进行培养，使篮球教学获得持续发展。

二、师生间互动交流增强

任何学科的教学都要坚持"以人为本"的原则，教师要主动对学生的需求加以了解，经常与学生交流沟通，指导学生学习，对学生在学习中遇到的问题积极进行解决，对学生的合作精神进行培养，促进学生的全面均衡发展。

在篮球教学中，教师必须做到一视同仁，对每位学生都给予尊重，及时解答学生提出的问题，引导学生独立思考，鼓励学生以创新思维解决问题，对学生的自主学习能力进行培养，促进篮球教学质量和效果的进一步提高。在篮球教学过程中，教师还要从学生的特点及实际接受能力出发，对符合学生各方面个性的教学计划和方案进行制订，促进学生在篮球教学中不断进步。

三、篮球教学计划和方案日趋完善

在篮球教学中，教师一定要以学生的实际情况和篮球技能水平为依据，对篮球教学计划方案进行科学合理的制订，促进篮球教学质量和效果的全面提高，为学生未来发展打好基础。在具体教学中，合理配置与充分运用教学资源，设计多元创新的教学方法，确保每位学生都能获得最大程度的发展。除此之外，教师自身应具备良好的专业素养和较高的教学技能，不断改进传统教学模式和方法，拓宽学生的视野，为学生接触新的技战术提供机会，保证学生的篮球技能水平不断提高。

四、篮球教学体系日渐完善

篮球教师要在篮球教学过程中建立健全篮球教学体系，充分发挥篮球教学在促进学生全面发展方面的作用。在篮球教学中，教师要重视对学生基本功的训练，力求学生能够完成规范的动作。篮球运动的各项技术都有自己的特点，学生要通过学习与练习熟练掌握各种技术。对篮球教学训练体系的建立与完善有利于学生对自身篮球水平的充分了解及对自身不足的认识，从而有针对性地进行学习与训练，不断促进自身篮球运动水平的提高。

对篮球教学训练体系的建立健全还有助于对学生团队合作精神、合作意识的培养，以免学生在日常生活或学习中存在个人主义倾向，这有助于为学生将来的发展奠定良好的基础。在篮球教学评价中，教师应以学生的学习态度、进步情况等为依据，结合学生自身的特点进行针对性评价，不能只是片面评价学生的篮球技术水平，否则对学生的全面发展、综合能力的提高非常不利。

第二节　篮球教学内容的挖掘与创新

一、篮球教学内容的整合与优化

（一）目标引领，整合教学内容的育人功能

目标引领，整合篮球教学内容，首先在篮球教学计划的设计中体现出来，不管目标体系是按领域划分，还是按水平目标划分，基本都是在描述体育与健康课程的总目标，篮球课的目标是体育与健康课程目标的具体化，各校要从本校教学实际出发对篮球课的教学目标进行确定，并以教学目标、要求为依据对相应的教学计划进行制订，对合理的教学内容与方法进行选择与实施。课程标准要求地方要对课程实施的具体方案进行制订。目标引领的理念在学校制订课程实施计划中得到了充分体现。因此，在篮球课实施计划的制订过程中，尤其是在篮球教学内容的设计中，要充分融入运动能力、健康行为和体育品德三方面的核心素养，促进篮球教学内容体系的完整化、合理化、新颖化，以更好地培养学生的综合素质。篮球教学中要树立目标引领教学内容和教学方法的思想，通过对丰富多彩的教学内容和教学方法的合理选择和优化组合，从整体上实现学习目标，促进学生体育与健康学科核心素养的形成与提升。

（二）优化练习方法，提高篮球技术的教学水平

在体育教学中，身体练习是一个非常重要的手段，学生需要经过不断的练习，才能掌握体育与健康知识、技能和方法。从体育教学过程来看，单个技术的练习方式主要有导入练习、重复练习、模仿练习、演示练习、应用练习、改进练习等，从技术技能的掌握过程来看，主要经历若干练习环节，包括体验、强化、运用、创新练习等。一节篮球课的时间十分有限，为使教学目标、要求更好地实现，必须合理优化这一系列的练习方法，适当整合相关练习方法，促进课堂教学效率和质量的提高。

篮球技术具有开放性，有机组合不同的技术便会有新的篮球技术与技能出现，如单手肩上投篮与移动技术的结合，会形成跳步、上步、跨步、后仰等投篮技术与技能。此外，也可将单手肩上投篮与运球、传接球等技术组合

在一起，因此，应以篮球技术与技能的形成规律与特点为依据来开发与优化篮球教学内容资源，从教学实际出发，通过设计练习系列方法，缩短学生掌握篮球技术的时间，提高技术教学水平和课堂教学效率。

（三）借鉴业余训练的经验与方法，提升学生的篮球运动能力

我国体育发展多年来一直都在实施双轨制，具体表现为体育教学与训练的双轨制。我国在体育人才培养方面贯彻体教结合的原则，而且近年来取得了良好的成果。篮球课的主要目的是培养学生的健康体质，促进学生篮球运动技能的发展和提高，为了实现这一目标，必须在篮球教学中体现出专项化的特点。我国在实施三级训练体制的过程中积累了丰富的训练经验，通过对规则与技战术进行简化、将难度要求降低和对场地器材进行改造，形成了丰富多彩的篮球专项化、专业化训练方法手段，这些方法实用有效，可以将此运用到篮球课教学中，促进学生篮球专项运动能力的提升。

二、篮球教学内容的创新策略

篮球教学内容是篮球教学目标的载体，篮球教学内容的核心是篮球技术技能。此外，篮球相关知识、技巧技能、思想观点、师生的教学行为等都是教学的重要内容，对篮球教学内容的创新应着重从以下几方面着手。

（一）更新教学理念，创新教学方法手段

对篮球教学内容进行创新的前提是更新教学理念，只有转变传统教学思想，树立新的理念，才能更好地实施篮球课程教学。因此，篮球课教学要坚持"健康第一"的指导思想，落实"立德树人"的任务，采用有效的方法促进学生身心健康、体魄强健和全面发展，提升学生的体育与健康核心素养。

对篮球教学手段和方法的创新也是创新篮球教学内容的重要路径。随着篮球教学内容资源的不断整合与教学内容体系的不断完善，对传统教学组织形式、教学方法及教学模式的改革与创新迫在眉睫，只有对这些教学要素进行科学合理的改革优化，才能促进篮球课堂教学效益的整体提升。

（二）促进健康锻炼与专项体能的有机结合，提升学生的专项运动能力

在篮球教学中，身体素质练习是必不可少的内容。在篮球身体素质训练课上，一般主要采用步伐动作结合练习、莱格尔跑、折返跑等篮球专项体能

训练的方法，同时也可以采用健身软件中的练习方法进行试验性练习，这样也可取得较好的效果。在篮球课教学中，要从现代健身实际出发对体能练习方式进行改革创新，有机结合健康锻炼与专项体能训练的方法，促进学生专项运动能力的提升，提高学生身心健康水平。

(三) 以经典创新案例入手，对学生的创新精神与能力进行培养

随着大众篮球运动的广泛开展和高水平职业篮球比赛竞技水平的不断提高，篮球运动中出现了一些创新的技战术，将这些经典创新案例引进篮球课的教学中，可以鼓励学生发挥自己的创新思维，培养学生的创新能力。

第三节　篮球教学方法的设计与优化

研究篮球教学方法的设计与优化，首先要对体育教学方法的内容有一定的了解。体育教学方法有很多，在篮球教学中，应结合篮球运动的特点和学生的学习规律合理选用体育教学方法，并随着教学情况的变化适当进行改革。

体育教学是教与学共同组成的双边活动，因此体育教学方法也是由教师教的方法和学生学练的方法共同组成的，只教不学或只学不教，都不能构成完整的体育教学系统。

对体育教学方法及其分类有了基本的了解后，下面重点分析篮球教学方法的设计与优化。

一、篮球教学方法的设计原则

篮球运动有自身的特点，因此，要从篮球运动特点出发设计专门的篮球教学方法，以促使学生有效掌握篮球知识与技能。篮球教学方法的设计应该遵循以下几个基本原则：

第一，体能发展与技能传授相结合的原则。

第二，对抗性和灵巧性相结合的原则。

第三，知识传授与能力培养相结合的原则。

第四，攻、守一体化与攻、守转换相结合的原则。

第五，教学方法篮球意识化原则。

二、篮球有效教学方法

(一) 发现教学法

发现教学法具有引导学生独立思考、自行探索、自行实践等特征。这种教学方法有助于将学生的学习热情激发出来，让其主动发现、探索和思考，促进其快速掌握知识与技能，并养成积极探索的精神。在篮球教学中采用发现教学法时，要以学生的实际情况与认知规律为依据实施。

(二) 因材施教教学法

在篮球教学中，教师要以每个学生的个性特征为依据来因材施教，具体就是进行分层教学、分级评价等。这样才能使每个学生都能在自己原有的基础上取得进步。

(三) 循序渐进教学法

篮球教学工作繁重而复杂，教师要在对人体机能适应规律、生理活动变化规律、心理发展规律及篮球运动内在规律等加以遵循的基础上对教学方法进行设计和选择，以便更好地完成教学任务。

在篮球教学初期，以较为简单的教学方法为主，循序渐进地展开教学，同时严格把好质量关。随着教学的深入，需要及时调整原来的教学方法或重新设计新的教学方法，以保证教学的连续性和实效性。

(四) 程序教学法

程序教学法又称"小步子教学法"，将其运用到篮球教学中时，教师先要求学生按照预先设计好的"小步子"来学习，教师及时评价，并反馈学习结果，然后根据学生的学习结果决定下一步该怎么做，如果学生这一步的学习达到了标准，即可进入下一步学习，否则要重新学习这一步，这有助于激励学生进步和提高学习效率。

(五) 互动教学法

师生互动有利于提高教学效率，强化课堂效果。在篮球教学中，播放视频的课堂互动方式是比较有效的，在学生观看视频后提出问题，共同讨论，或者也可以采用图解这种课堂互动方式，这种方式更为直观，有助于学生更好地理解所学内容。

（六）指导发现教学法

指导发现教学法是指篮球教师在教学中通过适当的指导语，对篮球教材内容进行简单改造，将大量的直观感知材料提供给学生，使学生自己努力解决问题的教学方法。这种教学方法多用在篮球战术教学中。

（七）即兴展现教学法

即兴展现教学法追求教学的科学性与艺术性，强调师生互动、自我展现的课堂情境与和谐氛围，旨在全面培养学生、提高学生创新能力。在篮球教学中实施即兴展现教学法，要求以学生为中心，尊重学生的主体地位。

（八）游戏教学法

游戏教学法不同于传统的单项教学法，它以从易到难的游戏为主线，能够充分调动学生学习的积极性，激发学生学习的热情。篮球教师在引入游戏教学法时，要注意明确游戏规则，合理设计游戏方式，培养学生遵守规则的意识与习惯。

以上篮球教学方法各有自己的优势和不足，只有将这些方法组合起来进行优化运用，才能达到取长补短的效果，充分发挥这些教学方法的优势与作用，最大化地提高篮球教学效果。

三、篮球教学方法的优化原则

（一）系统整体性优化原则

现阶段，篮球教学方法的理论论述和实际运用被机械地割裂开来，没有深入的研究和广泛的运用，理论研究和实践应用都存在片面性。现代教学方法是体系化的一般教学方法，每种方法都有自己的特点、适用范围和使用条件，教学方法之间密切联系，它们相互影响、相互借鉴、相互促进，而不是相互排斥。因此，对篮球教学方法进行优化，必须从整体出发，进行系统性的优化。

（二）持久有效性优化原则

在篮球教学中，教师要尽可能利用较少的教学资源来达到较好的教学效果，完成事先确立的教学任务和预期的教学目标，这是减轻教学压力、提高教学效率、促进学生全面协调发展的直接方式。同时，这样的教学也能够产生持久有效的效果，使教学方法组合充分发挥持续稳定的作用。

（三）灵活创新性优化原则

篮球教学不是一成不变的，所以一直用单一死板的教学方法去教学生，很难取得理想的教学效果。篮球教学方法丰富多样，教师必须不断熟悉常用教学方法及创新教学方法的特点、适用范围及操作程序，然后以学生的特点和学习规律、教学条件和教学目标等为依据对教学方法灵活选用或恰当组合运用，从而充分发挥各个教学方法的作用，提高教学效果。此外，篮球教师还应发挥自己的创新思维，对创新性的篮球教学方法进行自主设计，以不断充实与丰富篮球教学方法体系，优化篮球教学效果。

四、篮球教学方法的创新选择与优化策略

（一）创设情境，营造氛围，采用情境式教学

情境教学法是篮球课上采用的一种比较新颖的辅助教学方法，该方法能够使教师的主导性和学生的主体性得到充分发挥，将学生学习的兴趣激发出来，使学生对篮球基本知识、技能进行掌握的同时，取得良好的运动成绩。将情境教学法运用到篮球课上，就要充分了解相关的基本理论，从学生的身心特征及个体实际情况出发设置合理的情境，从而提高学生的学习兴趣。

例如，学生喜欢 NBA，教师在传授运球、传接球、投篮等基本技术时，可先提出相关问题，如 NBA 球员中谁的传球最犀利、谁的运球最华丽、谁的投篮姿势最标准、谁的投篮最准等，通过这些问题导入情境，学生之间就这些问题展开交流，等学生说出各自的答案时，教师再问"为什么"，然后生动形象地模仿，进而对基本技术的动作结构、要领等内容进行讲解。这有助于营造活跃的课堂氛围，促进学生学习积极性的提高。

（二）从学生实际水平出发采用分层教学法

学生的体能、意识、个性特征、技战术水平及学习习惯都存在一定的差异，单一的教学方法与这一客观现实不太适应，在篮球教学中，教师应在采用普通教学方法的同时进行分层教学，以不同素质学生的学习能力为依据对不同层次的教学目标、学习要求等进行制定，并在不同层次上提供帮助与引导，使每个学生都能有所进步，促进教学效果的提高。

（三）注重培养个性和团队协作意识，采用比赛教学法

任何竞技运动最后都会回归比赛中，作为典型竞技运动项目之一的篮球运动同样也是如此。精彩的篮球比赛让人热血澎湃，所以在篮球教学中，教师可以在不同的教学阶段以教学需要为依据，将比赛教学法穿插其中，促进学生学习兴趣的提高，并在实践中促进学生篮球技能的强化，对其心理素质和团队精神进行培养。

例如，篮球教师采用分组比赛的形式组织学生练习运球、传球、投篮。教师可划分学生小组或安排 2 人一组进行对抗练习，基本规则为抢到对方球，且自己不失球。在投篮练习中要求学生在不同位置投篮，计算命中率。这些比赛形式都能有效激发学生的练习兴趣，并培养学生的竞争意识与团队意识。

第四节　篮球教学评价与创新

一、篮球教学评价的内容与方法

篮球教学评价的内容主要包括篮球理论知识评价与篮球技战术评价，对于不同的评价内容需采取不同的评价方式方法，下面进行简要分析。

（一）篮球理论知识评价

在篮球理论知识评价中，经常采用的评价方式有以下几种。

1. 笔试

考试有闭卷考试与开卷考试两种形式，前者适用于低年级篮球考核中，后者适用于高年级篮球考核中。

（1）闭卷考试

针对记忆性篮球知识，一般采用闭卷考试的形式。

（2）开卷考试

开卷考试能够客观评价学生运用篮球知识解决问题的能力。

2. 口试

口试的作用在于考查学生的语言表达能力及其对篮球理论知识掌握的广度与深度。

3．课外作业

课外作业是对学生综合能力进行考核的一种重要方式，学生课外作业的完成质量能够反映出其对所学篮球理论知识的理解深度及运用所学知识解决实际问题的能力。

（二）篮球技战术评价

篮球技战术评价的方式如下。

1．定性测量

定性测量是对定性指标的测量，在篮球教学中，定性指标是篮球技术动作的规范程度的指标，要参照预定的技术规格进行赋值，测量过程中，教师要根据学生完成技术动作的质量来打分。

2．定量评价

定量评价是对定量指标的衡量与评价，篮球教学中定量指标常见的有跑的速度、跳的高度、球的命中次数等。定量评价要有可参考的样本，要根据学生的实际情况明确制定测量方法和评价标准。

现场观察、指数评价的评价方式在篮球技能考核中运用得较多，通过观察、统计，获取相应信息与数据，对此进行综合分析，结合指数指标做出客观评价。

二、篮球教学考评案例

（一）身体素质考评

1．力量和爆发力

（1）仰卧起坐

仰卧起坐测试指标适用于女生，记录女生在 1 分钟内完成标准仰卧起坐的次数。评分标准见表 3—1。

表 3—1　女生仰卧起坐评分标准（单位：次）

分数	每分钟完成次数
100	50
95	48

分数	每分钟完成次数
90	46
85	44
80	42
75	40
70	38
65	36
60	34
55	32
50	30
45	28
40	26
35	24
30	22

（2）立定跳远

立定跳远测试指标适用于男生和女生。测量从起跳线到受试者脚跟的距离。评分标准见表3－2。

表3－2　立定跳远评分标准（单位：米）

分数	男生	女生
100	2.65米	2.06米
95	2.60米	2.02米
90	2.55米	1.98米
85	2.50米	1.94米
80	2.45米	1.90米
75	2.40米	1.85米
70	2.35米	1.80米
65	2.30米	1.75米
60	2.25米	1.70米
55	2.20米	1.65米
50	2.16米	1.60米

分数	男生	女生
45	2.12 米	1.55 米
40	2.08 米	1.50 米
35	2.04 米	1.45 米
30	2.00 米	1.40 米

2. 耐力素质

（1）2000 米（男）/1600 米（女）跑

测试场地为 400 米田径场，受试者要提前做好准备活动，以免在测试中发生损伤。评分标准见表 3－3。

表 3－3　2000 米（男）/1600 米（女）跑评分标准（单位：分、秒）

分数	男生	女生
	2000 米跑	1600 米跑
100	8 分 00 秒	7 分 30 秒
95	8 分 15 秒	7 分 45 秒
90	8 分 30 秒	8 分 00 秒
85	8 分 45 秒	8 分 15 秒
80	9 分 00 秒	8 分 30 秒
75	9 分 15 秒	8 分 45 秒
70	9 分 30 秒	9 分 00 秒
65	9 分 45 秒	9 分 15 秒
60	10 分 00 秒	9 分 30 秒
55	10 分 15 秒	9 分 45 秒
50	10 分 30 秒	10 分 00 秒
45	10 分 45 秒	10 分 15 秒
40	11 分 00 秒	10 分 30 秒
35	11 分 15 秒	10 分 45 秒
30	11 分 30 秒	11 分 00 秒

（2）12 分钟跑

在篮球场上布置若干标杆筒。受试者快速跑完一圈，教师报一次数，12 分钟后停止，记录此时受试者所到的最近标杆筒，计算最后一圈距离，计算结果与先前总圈数的 86 倍之和就是最后的成绩。评分标准见表 3－4。

表 3-4　12 分钟跑评分标准（单位：米）

分数	男生	女生
100	3 000 米	2 500 米
95	2 950 米	2 450 米
90	2 900 米	2 400 米
85	2 850 米	2 350 米
80	2 800 米	2 300 米
75	2 700 米	2 200 米
70	2 600 米	2 100 米
65	2 500 米	2 000 米
60	2 400 米	1 900 米
55	2 300 米	1 800 米
50	2 200 米	1 700 米
45	2 100 米	1 600 米
40	2 000 米	1 500 米
35	1 900 米	1 400 米
30	1 800 米	1 300 米

3. 速度和灵敏性

（1）5.8 米×6 次往返跑

受试者从端线后快速跑到罚球线后，然后折返跑，往返 3 次，5 次急停，统计总共所用的时间。评分标准见表 3-5。

表 3-5　5.8 米×6 次往返跑评分标准（单位：秒）

分数	男生	女生
100	9 秒 6	10 秒 4
95	9 秒 8	10 秒 6
90	10 秒 0	10 秒 8
85	10 秒 2	11 秒 0
80	10 秒 4	11 秒 2
75	10 秒 6	11 秒 4
70	10 秒 8	11 秒 6
65	11 秒 0	11 秒 8

分数	男生	女生
60	11 秒 2	12 秒 0
55	11 秒 4	12 秒 2
50	11 秒 6	12 秒 4
45	11 秒 8	12 秒 6
40	12 秒 0	12 秒 8
35	12 秒 2	13 秒 0
30	12 秒 4	13 秒 2

（2）1 分钟原地跳绳

统计受测者 1 分钟跳绳的次数。评分标准见表 3－6。

表 3－6　1 分钟原地跳绳停分标准（单位：次）

分数	男生	女生
100	200	200
95	190	190
90	180	180
85	170	170
80	160	160
75	150	150
70	140	140
65	130	130
60	120	120
55	110	110
50	100	100
45	90	90
40	80	80
35	70	70
30	60	60

（二）投篮技术考评

1. 篮下连续投篮

受试者在篮下任意位置连续投篮，自捡自投，统计 30 秒内投中多少个。评分标准见表 3－7。

表 3－7　篮下连续投篮评分标准（单位：个）

分数	男生	女生
100	15	12
95		
90	14	11
85		
80	13	10
75		9
70	12	8
65	11	7
60	10	6
55	9	5
50	8	4
45	7	3
40	6	2
35	5	1
30	4	

2. 连续 10 次罚球

受试者在罚球线处连续罚球 10 次，记录罚中的个数。评分标准见表 3－8。

表 3－8　连续 10 次罚球评分标准（单位：个）

分数	男生	女生
100	7	6
95		
90	6	5
85		
80	5	4
75		
70	4	3
65		
60	3	2
55		
50	2	1
45		

分数	男生	女生
40	1	
35		
30		

3. 全场曲线运球传切上篮

测试者发出信号，开始计时，受试者从端线后开始运球至中线与中圈交叉处的标志杆前，再提前变向换手运球，传球给罚球线沿线的同伴，同伴回传，受试者侧身插上接球，接着行进间上篮，若未中，继续投篮，直到投中；投中后运球向端线返回，继续运球投篮，往返 3 次，投中第 6 个球后测试结束，停止计时。评分标准见表 3—9。

表 3—9 全场曲线运球传切上篮评分标准（单位：秒）

分数	男生	女生
70	40	60
65	43	63
60	46	66
55	49	69
50	52	72
45	55	76
40	58	80
35	62	84
30	66	88
25	70	92
20	74	93

三、篮球教学评价创新

（一）将评价贯穿于整个教学中

常见的教学评价方式有诊断性评价、形成性评价和终结性评价三种。其中，终结性评价在学校篮球教学中运用得最多，主要表现为期末考核评价。受竞技体育的影响，篮球期末考核评价的内容和方式相对比较单一，与当前的体育教学改革不相适应。因而，改革期末评价的内容、形式等势在必行。

检验是终结性评价最主要的作用，能够从整体上评价整个教学过程，全面系统地评价教师的教学活动和学生的学习情况。对教师来说，让学生在期末考核评价中获得好成绩是教学目标；对学生而言，在期末考试中获得好成绩是学习目标，所以说期末评价对师生而言都有激励作用。学校可将期末考核内容、形式以及标准公布到校园网站或其他教学媒体上，让学生明确努力的方向和目标。

（二）评价指标多样化、趣味化

青少年学生学习体育课程的动机主要体现在锻炼身体、娱乐放松、结交朋友等方面，在篮球教学中，要综合考虑学生的这些需要与动机，不能像在竞技体育时代那样只重视技术的教学。因此，篮球教学的目标定位主要表现为增强学生体质、提高学生学习兴趣、使学生身心放松、促进学生之间的相互交流、培养学生的终身体育意识等。这些目标是否实现，实现程度如何，要通过评价来衡量，这就对评价系统提出了相应的要求。

在篮球教学评价中，教师应从健身、娱乐、交际、培养终身体育意识等教学目标出发来设计篮球课的评价指标，力求达到多样化、趣味化，使学生乐于参与考核评价，在评价中及时发现问题，解决问题，提高成绩。篮球教学的评价内容应有趣味性，技术评价指标应丰富一些，将学生的积极性充分调动起来，对学生的篮球技术、篮球素质进行全面测定。这个设计值得在其他体育项目的教学评价中推广。

（三）更新考试形式

1. 教考相对分离

教考分离是教学与考评的分离，这是篮球教学考核的一个新形式，通过平行班级的交换考试或邀请其他班级的篮球教师参与考评过程能够将此落实。教考的相对分离能够有效解决教师在定性测定中无法客观评定学生的问题，从而更加客观地评价学生的学习。这样也能够使学生更重视篮球课程考评。

2. 自我评价、个体纵向评价与交互评价相结合

（1）自我评价

很多篮球教师对学生的了解都不是很全面，而学生对自己的了解一般都

比教师了解得多。学生之间在个体表现上具有差异性，学生通过自我评价，能够更全面地了解自己，并能引导教师在评价过程中有指向性地判断学生的优缺点，从而更加客观全面地评价学生。

（2）个体纵向评价

学生通过学习篮球课程，对篮球理论知识和技战术的掌握情况与进步程度如何，可通过个体纵向评价来进行检验。学生的体质、性格、运动基础都有一定的差异，这在篮球教学中主要表现为身体素质的差异、篮球技战术水平的差异以及接受能力的差异等；而且达到专业化的竞技水平并不是篮球教学的主要目标，如果采用大一统的方式对学生进行考评，难免会使部分学生学习的积极性受到影响。因此，在学生学习成绩评定中，将学生的进步程度作为一项指标，能够更好地激励学生主动学习，满足对学生学习效果进行客观公正评价的需要。

（3）交互评价

交互评价能够使学生之间的互动得到增强，使学生发现自己的优点与不足，从而改正缺点，发挥优势，完善自己。一般可以分以下几个阶段来进行交互评价：

第一，学期开始前进行一次评价。

第二，学期中进行2～3次评价。

第三，期末做终结性评价。

3. 通过比赛的技术统计进行考核

很少有学校在篮球教学考核中采用篮球比赛的形式。篮球是一个竞技项目，在篮球运动中，不管是锻炼身体素质，还是学习各项动作技术，都是为比赛服务的。因此，从根本上来说，在篮球教学中对学生的技术水平进行考核，需要采用比赛的形式。既然要在教学课的整个过程中贯穿评价，那么作为一个主要考评方式，比赛也应在篮球教学中贯穿始终。比赛对学生有很强的吸引力，通过组织阶段性的比赛，客观测定学生的技术指标，可以促进学生技术能力的不断提高。随着每次比赛成绩的提高，学生会产生成就感，学习的积极性也会随之增加；而如果比赛成绩降低，学生则会更加努力地学习，这对学生来说具有很好的激励效果。

在篮球比赛考核中，要做好技术性调整，对"标准分打分制"加以利用，这与高考的标准分制是类似的，也就是将每项数据的平均得分作为标准分，如果比标准分高，就相应加分，如果比标准分低，就相应减分。这种考核制度能够避免学生对篮球技术掌握的不平衡，促进学生全面掌握篮球技术，整体提高篮球技术水平。

第四章 高校篮球教学的多维探索创新

我国体育教学的深入改革对篮球教学事业提出了越来越高的要求，因此应该从多维视角出发对篮球教学进行深入研究与科学探索，从而不断提高篮球教学质量，推动篮球教学事业的发展，并为其他体育项目的教学改革与创新提供良好的借鉴与参考。本章主要在多维视角下研究与探索篮球教学，主要包括四个教学视角，分别是分层次教学视角、拓展训练视角、启发式教学视角以及掌握学习视角。

第一节 分层次教学视角下的篮球教学

一、篮球分层教学的含义

篮球分层教学指的是在篮球教学中教师以学生的个性差异、兴趣能力差异、篮球水平差异等实际情况为依据展开针对性教学。在篮球教学中，每个学生都有自己的个性，能力水平也有不同，对此，教师必须做到区别对待，因材施教，采用不同的篮球教学方式进行有针对性的教学，从而让不同能力的学生都能有效掌握篮球知识与技能，促进篮球教学效率和实际效果的提高。在分层视角下进行篮球教学，还要求在篮球教学考核中，以学生的不同层次水平为依据对考核难度进行不同的设置，将主次和逻辑关系分清，以充分发挥分层教学的作用，切实提高篮球教学水平。

二、篮球分层教学实施的基本思路

在篮球课堂上实施分层教学，首先要确定一些测试指标，依据测试结果对学生进行分层，对不同层次的合作小组加以组建，然后通过对不同层次目标的设定、依据目标分层教学、引导小组合作练习等环节开展篮球教学工作。

（一）学生分层

学生分层主要指的是对实验班学生的分层，教师可从学生的身体素质、学习态度及篮球技术成绩等几方面着手将学生分为 A 层、B 层和 C 层三个层次：A 层学生的特点是学习主动性高，篮球基础扎实；B 层学生的特点是学习具有主动性，篮球基本功不太扎实；C 层学生的特点是学习不自信，篮球基础薄弱。

分层主要是为了对学生的基本情况有更好的掌握，并针对不同层次学生的特点对不同的教学目标和要求进行设定，从而有序授课。分层后的小组设定主要是为了促进不同层次学生之间的互动，这样一来，教师因分层教学而顾不到全面的问题就得到了一定程度的解决；此外，篮球基础薄弱的学生在篮球基础扎实的学生的带动下也能够取得明显的进步。

（二）教学分层

篮球教学分层主要体现在以下几个方面。

1. 备课分层

教学分层的第一个环节是备课分层，备好课是上好课的重要保障。备课分层具体包括教学目标分层、教学内容分层、教学方法分层以及教学辅导分层等。为了更充分地备课，篮球教师需要在查阅文献、咨询专家、现场观摩分层授课等方面下一番功夫。

为了促进每个层次学生的篮球综合素质的进一步提高，在教学目标设置上不能采用传统的"一刀切"方式，而应在正确把握总体教学目标的基础上设定分层教学目标。针对上述三个层次学生提出的教学目标具体如下。

（1）A 层教学目标

对教学大纲要求的篮球知识与技能能够熟练掌握，对拓展性的一些篮球知识与技能能够有所掌握，对所学篮球技战术能够熟练应用。

（2）B 层教学目标

对教学大纲要求的篮球基本知识与技能能够掌握，对所学篮球技战术能够较为熟练地应用。

（3）C 层教学目标

对教学大纲要求的篮球知识与技能能够基本掌握，在篮球应用上有所进步。

2．授课分层

在整个教学分层中，授课分层是重点环节，这个部分也是最难掌控的。在篮球分层教学中，既要将教学的整体性把握好，又要将教学的层次性把握好，既要将学习能力好的学生照顾到，又要对学习基础薄弱的学生给予较高的关注。所以，教师应以篮球基础性知识与技能为起点进行授课，为了衔接好教学的整体性与层次性，应在内容递进、方法分层、难度分层等方面做好工作。

以篮球投篮为例，首先是学习基础性的投篮动作，这是三个层次的学生都需要掌握的，然后以此为基础，指导 A 层学生在不同角度练习投篮，巩固 B 层学生在选定的 1～2 个点练习投篮，辅助 C 层学生在一个固定的位置练习投篮。在难度分层与内容分层的基础上，再引导三个层次的学生进行小组合作式投篮练习，A 层学生辅助 B 层和 C 层学生，或者 B 层学生辅助 C 层学生等，从而使各个层次的学生的投篮技术与应用水平都能得到提高。

在授课分层中，因为学生经过一定时间的学习，能力水平会有相应的变化，如 B 层和 C 层学生取得一定的进步，对于原本就进步显著的学生，原有 ABC 小组组合不变，提升学习内容的难度只是针对已经进步的 B 层或 C 层学生，从而促进这两个层次学生的篮球水平不断提升。

3．评价分层

在学生学习评价中，为了减少评价因素对实验结果的影响，在结束教学实验后，由同一教师采用统一标准对实验班与对照班的学生进行评价。但对实验班的学生要进行分层评价，评价结果不纳入最终教学考核成绩，它的作用主要是发挥激励的作用。评价中，以三个层次学生的基本情况为依据采用不同的标准进行评价。

（1）A 层评价

评价标准高，以促进学生对篮球知识与技能的熟练掌握。

（2）B 层评价

以学生对篮球基础知识与技能的掌握为起点，评价标准略有难度，以此来激励学生，使学生通过努力达到标准，获得成就感。

（3）C 层评价

评价标准难度较低，通过达标评价激发学生学习篮球知识与技能的积极性。

（三）实验后测

完成教学实验后，对实验班和对照班学生进行统一测试，测试内容包括学习情趣、情感与合作表现、身体素质、篮球技术等，以对教学实验效果进行分析；同时，再次对两个班级的学生开展问卷调查，将整个篮球教学实验中学生的反馈信息收集起来，为进行实验分析提供参考。

三、篮球分层教学的对策

（一）建立完善的分层标准

1. 对相关规律有深刻的把握

要深入认识篮球教学规律和学生身心发展规律，对不同特点学生的学习规律有正确的把握。青少年学生的个体差异不仅体现在身体素质、篮球技术方面，还体现在非智力因素方面，而这些差异是有规律性和自身特征的，在分层教学前期需要全面了解学生的这些特性与差异，对每个学生的基本特点有所掌握，建立学生档案，从而正确把握分层教学的大方向，同时在小方向上灵活进行动态调整，以构建与学生身心发展特点相符的篮球分层教学模式。

2. 善于从实践中总结有效的经验

现阶段，在篮球分层教学的实施过程中，同质化问题在学生分层环节上普遍存在，同一分层标准也限制了实验数据的多元性，为了对分层教学在篮球教学中产生的影响有更全面的了解，教师应打破传统思维的束缚，对学生年龄、性别、语言表达、人际关系、篮球学习能力等方面的差异都要有所掌握，要从教学实践中对能够产生积极影响作用的措施加以总结，深入分析分层教学的负面影响因素，特别是要挖掘潜在影响因素，通过个案访谈、对比分析等方式展开细致而深入的研究，从而为更好地采取分层教学模式奠定基础。

3. 对其他学科分层教学的经验加以借鉴

分层教学方法在其他学科或者其他体育项目教学中应用的分层标准和依据可以被引用到篮球教学中，正确把握分层标准和依据，分析分层教学的规律，深入了解学生的基本情况，在篮球分层教学划分的依据和标准中融入有利于提升篮球教学效果的要素，充分实践，从而对教学效果进行检验。正因为学生的学习规律具有一定的共同性，所以才能在各学科之间相互参考借鉴，但每个学科都有自己的侧重点，通过对各学科差异的分析，对有利于篮球分层教学的内容加以提炼，可以使潜在不良因素造成的负面影响降到最低，提高教学效果。

（二）提高教师分层教学的综合素质

分层次教学增加了教师的备课难度，也消耗了教师太多的精力，这并不是因为教学数量增加了，而是提高了对质量的要求，教师自身的综合素质难以把好分层教学的质量关。所以，培养与提升教师分层教学的综合素质非常必要。篮球教师可以从以下几方面来锻炼与提升自己的综合素质。

1. 加强对分层教学理论知识的学习

篮球教师要系统而深入地学习关于学生生理、心理基本特征的知识，以更好地了解学生的非智力因素。教师还要学习体育学科知识和规律，增加理论知识储备，以便更好地发挥自己的组织能力，并在教学中加以创新。此外，教师要多收集一些与分层教学有关的科研论文及教育学、心理学材料，系统学习有关知识，从而使自身的综合理论基础更加扎实稳固。

2. 积极对外交流学习

篮球教师彼此之间缺乏交流互动，无法共享经验，这会直接影响篮球教学效果和整个篮球教学事业的发展。篮球教师要勇敢"走出去"，与同行及专家积极交流，集中探讨教学过程中存在的共性问题，分享自己的教学经验，集中力量对教学难点加以解决，分享交流有益的教学案例，以促进自身教学视野的拓宽、教学经验的丰富和教学能力的提高。

3. 提高创新能力

篮球分层教学的实施不能死板、拘泥一格，如果用传统的办法解决分层教学中学生遇到的问题，是难以取得良好效果的。篮球教师必须要有创新思维，要在备课中预测可能出现的问题，并设计创新性的解决策略，在教学过程中以学生的动态变化为依据及时采用相应的创新方法。

近年来，国家特别重视青少年体质健康，并在体育教学改革中提出了相关要求，出台了相应的系列政策，这都是篮球教师进行教学创新的指导纲领，教师一定要将这些政策和要求吃透，根据篮球分层教学的实际情况不断提升自己的创新能力，以使篮球教学效果得到最大程度的优化。

（三）加强对学生团队合作精神的培养

在篮球分层次教学中培养学生的团队合作精神，关键在于激励分层小组发挥团队精神和团队作用，具体方法包括：

第一，篮球教师多布置一些需要学生合作完成的学习任务，如篮球技术配合任务，通过设置团队小任务，使小组的凝聚力不断增强，进而使团队合作精神得到强化。

第二，篮球教师在了解不同层次学生特点的基础上对团队合作的契合点加以把握。不同层次的学生都有自己的优势，教师要善于发现学生的优势，促进团队内成员的优势互补，进而促使团队合作意识与能力的增强。

第三，篮球教师要尽早介入团队合作中出现的各类问题，对于团队中因情感、性格、技术等差异造成的不和谐问题，要及时采用多种方法予以解决，最大限度地减少不和谐因素。

第四，篮球教师要科学制定具有引导性和发展性的合作评价指标，以促进学生在篮球重点内容学习上形成良好的合作意识和合作行为习惯。评价指标还要有可变性，每节课教学内容不同，评级指标也不同，要灵活变化评价指标，促进学生之间的互助与合作。例如，教师在课堂上布置3人传接球上篮技术的练习任务，在学生经过反复几次练习后，教师客观评价学生小组合作的方式、合作的默契度及合作的效果，然后指出存在的问题和改进的建议，让学生小组在后续合作学习中更加高效地互助合作。

第二节　拓展视角下的篮球教学

一、拓展训练引入体育教学

（一）拓展训练引入体育教学的现实意义

1. 有利于学生身心健康发展

将拓展训练融入体育教学中，可以使学生加强身体锻炼，促进学生身体健康。拓展训练有助于对学生智力的开发，促进其心理素质水平的提升。学生在参加拓展训练的过程中，不断挑战身心极限，从而养成勇敢坚强的意志力，提高心理承受能力。

2. 有利于调动学生的学习兴趣

在体育教学中实施拓展训练，可对全新的课堂环境进行构建，使课程内容更加生动，教学体系更加丰富，可对学生的学习兴趣与积极性进行有效激发。在拓展训练实施中，开展多样化的训练项目，促进学生养成积极向上的学习态度，从而提升教学效果。

3. 有利于学生主体性的充分发挥

拓展训练能够全面激发学生的主体性。在传统体育教学中，教师的主导位置被过分强调，教师依据教学目标来培养学生，学生比较被动。拓展训练强调学生的主体性，能够将学生的主观能动性激发出来，巩固学生的主体地位，促进学生学习兴趣和参与意识的增加，从而促进体育教学实效性的提升。

4. 有利于学生综合素质与能力的提高

现代化社会需要复合型人才，复合型人才的特点是具备专业知识和技能，心理素质良好。社会发展对人才的这个要求为体育教学指明了努力的方向和目标。通过拓展训练的实施，可对学生的综合素质进行培养，使学生的身体机能、创新意识和团队意识得到全方位的锻炼，这也体现了教育教学对社会发展的适应性。体育教学在教育体系中是非常重要的组成部分，体育教学可促进学生综合素质的提升与全面发展，其所发挥的作用是其他教学所不可替代的。拓展训练当前在各行业的应用比较广泛，也取得了比较显著的效果。

5. 与体育教学目的一致

促进学生身体健康，强化其身体素质与身体机能，培养其健康的心理素质，使其全方位发展，这是体育教学的主要目的。拓展训练以训练的形式培养学生的身心素质，促进学生团队协作能力、创新能力的形成与提高。可见，拓展训练与体育教学具有一致的目标，从这一角度来看，两者的融合是必然的。

（二）拓展训练引入体育教学的策略

1. 更新教学理念

教学理念落后，没有从根本上得到转变，这是体育教学中难以落实拓展训练的根本原因。因此，必须从实际情况出发对教学理念进行实时更新，引进先进的教学理念，并依据体育教学的特点，对教学理念进行全面更新和创新。另外，要强化拓展训练意识，真正推动学生健康全面发展。

2. 开设拓展训练课

因为学生的身体素质存在个体差异，所以要采用不同的拓展训练方式，这就增加了体育教学中拓展训练实施的难度，也提高了对学生身心素质的要求。对此，要从学生的身心素质出发实施针对性的拓展训练，尊重学生的个体差异，对训练项目合理设置。具体应做到以下几点：

首先，在实施体育拓展训练时，对于一些简单、开放、透明的项目，可直接引进，针对这些项目设置拓展训练必修课，要求每个学生都参与。

其次，体育拓展训练实施中引入一些具有挑战性的项目，针对这些项目设置选修课，学生根据自身情况自主选择自己感兴趣或适合自己的训练项目。

在设计拓展训练项目时，应尽可能使学生的多元化需求得到满足，将一些具有个性化的拓展项目加入拓展训练课中，引导学生从自身条件出发合理选择，同时促进学生的个性化发展和综合发展。

3. 完善拓展训练的场地器材

一般的拓展训练项目对场地设施没有很高的要求，场地宽敞便可。因此，学校配置场地器材来开展拓展训练课也没有太大的难度。但拓展训练中的团队合作训练项目对场地器材提出了比较高的要求，因此必须对器材设施进行全面优化，将项目成本适当缩减，促进拓展训练水平与质量的提高。在体育拓展训练的开展过程中，应对器材的组合不断加以改善，提高器材的利用率，循环利用难以定向使用的体育器材，节约成本的同时确保拓展训练顺利开展。

4. 培养专业拓展训练师

将拓展训练引入体育教学中，能够使不同学生的身体素质得到很大程度的改善与提升。在拓展训练的实施过程中，对一支专业的拓展训练师资队伍进行培养非常重要，拓展训练教师应具备较高的训练能力与良好的专业素养。学校应重视对拓展训练教师的培养与培训，为他们提供交流学习和培训的机会，以促进其专业素养与技能的不断优化和提高。学校应加强对轻松、自由的拓展训练氛围与校园体育文化的建设，通过组织校内比赛、校际比赛及其他多种形式的娱乐活动来激发学生参与拓展训练的热情，将学生参与拓展训练的积极主动性充分调动起来。此外，学校还要不断创新拓展训练的方式方法，与时俱进，促进拓展训练效果的提升。

5. 引进俱乐部拓展训练教学模式

将拓展训练引入体育教学中，可采用俱乐部教学模式，依据学生的兴趣爱好和身心素质，围绕拓展训练项目，对具有个性化、针对性的优质服务进行设计。对于校外俱乐部模式的精华部分，可以适当借鉴、吸取，促进拓展训练俱乐部的不断优化和完善，提高拓展训练的开展效果。

6. 加强拓展训练的多元管理

拓展训练管理可参考体育教学管理的方法，这里简单分析经费管理与安全管理。

（1）经费管理

学校应加大对拓展训练项目的资金投入力度，重视对新器材的购置与已有器材的维护。如果条件允许，可将拓展训练的场地器材与设备对外开放，以优化配置和高效利用场地和器材资源，同时获取经济收入，缓解资金压力。

（2）安全管理

在拓展训练课前，教师应全面检查设施设备，确保安全。拓展训练教学中对学生的安全教育是非常重要的一环，教师要做好安全监管工作，而且这个工作应在整个教学过程中予以落实，不能有丝毫的松懈，从而提高教学的实效性，保证教学的安全性。

（三）体育教学中拓展训练课程的设计

1. 内容选择

不同的拓展训练项目对训练器材有不同的要求，见表4-1。

表4-1 拓展训练课程内容

器材要求	训练内容
不需要器材	仰卧起坐、传递信息、千斤顶等
简单器材	木人梯、传球、橡皮筋、独木桥、呼啦圈等
复杂器材	信任背摔、求生墙、七巧板、电网等

另外，穿越、攀岩、野外生存等野外基地训练项目能够对学生的综合能力与素质进行培养。

2. 时间安排

有些拓展训练项目具有一定的冒险性，想要在这些项目中促进学生认知能力、动作技能、情绪情感能力的提升，就要合理安排教学时间与顺序，先对拓展训练的具体内容进行详细介绍，明确拓展训练的任务，做好相关准备工作。在团队合作类的拓展训练项目中可以实行责任制，集体进行团队建设活动，并将小组项目和任务安排好，培养学生的团队意识与协作能力。

3. 课程实施

课程实施主要分为以下三个部分。

（1）准备部分

教师简单介绍活动，引导学生进入角色。

（2）基本部分

教师对学生的语言、行为及其心理动态的外在表现等进行观察，然后认真记录，以便在体验分享时清楚地回忆。教师要及时提示学生在训练时出现的误区。

（3）结束部分

这个环节主要是对活动进行回顾与分享，学生积极表达自己的想法，提出自己的疑问。师生之间与学生之间交流心得，教师进行简要总结。

4. 评价考核

评价考核也是体育拓展训练中不可缺少的重要环节，可以用小组档案的方式来考核，教师对学生的表现与进步情况进行详细记录，引导学生自我反思和自我评价，鼓励学生主动学习与参与。

二、篮球教学中引入拓展训练的重要性

（一）培养学生的团队协作精神

作为世界竞技体育的重要项目之一，篮球运动对参与者的集体合作意识与协同配合能力提出了较高的要求。在篮球比赛中获取胜利，有一个不可忽略的关键因素，即拥有良好的团队精神。

拓展训练与传统篮球训练相比，与实际更贴近，训练价值更高，更有利于在既定时间有效完成训练目标。学校的篮球训练方法单一，以体能训练和篮球技巧训练为主，或设计一些游戏训练方式来调动学生的练习兴趣，这种方式虽然趣味性较强，但如果长时间采用，学生也会感到厌烦，进而失去学习篮球知识与技能的兴趣与动力。而在篮球教学中引入拓展训练方式，可以改变单一枯燥的教学方式，使篮球训练更加人性化，并且有助于培养学生的团体意识、合作意识，使学生之间的沟通与交流进一步加强，促进学生团队意识、责任感及对他人的信任感的提升。另外，拓展训练方式具有一定的变动性，这样就能不断吸引与刺激学生，使学生一直保持积极的学习心态，顺利达成学习目标。

（二）帮助制订有利于教学的训练方案

在篮球教学中将拓展训练思维运用其中，可以从学生的实际情况与需求出发将相应的训练形式确定下来，从而有效激发学生的学习热情，进一步挖掘与开发学生的潜力。篮球基础薄弱的学生通过参与适合自己的拓展训练项目，可以锻炼自己的篮球技能，并能对篮球运动的内涵有更深刻的体会，重新认识篮球运动。此外，因为学生之间存在明显的个体差异，所以他们都有自己的篮球风格和运动技巧，将拓展训练思维方式引入篮球教学中，对促进学生的进一步发展具有重要的导向作用，能够使学生明确自己要努力的目标，使自身价值更好地实现。

在篮球教学中进行拓展训练，还能适当延伸篮球基础技能训练内容，从学生的实际情况出发对适合他们的训练方式进行设计，促进学生篮球基础能力的不断增强。篮球教师还可以在教学中以学生的实际情况为依据对一些强度较高的训练活动进行安排，并参考"适者生存"的标准考查学生的能力，从而激发与培养学生的竞争意识，使学生在训练中不断克服困难，独立解决问题，超越自己，在促进篮球技巧及综合素质提升的同时对意志力进行有效的锻炼。

（三）促使教学训练内容多样化

随着新课程的深入改革，传统篮球教学理念在一定程度上受到了冲击，教学目标越来越多元、完善，越来越强调培养学生的团队意识、适应能力、协作能力及综合素质。将拓展训练思维方式引进篮球课堂教学中，能够有效落实新课改理念，并对新课程理念起到一定的宣传作用。在应用拓展训练方法的过程中，要对科学合理的训练方式加以设计，依据现有的篮球设施条件，参考篮球技术教学规定，安排多样化的训练活动，学生在这种氛围中可通过多种方式来锻炼自身的篮球技能，促进自身实践操作能力的增强。总之，在篮球教学中引进拓展训练思维，能够使传统篮球教学中存在的问题得到一定程度的解决，并有效指导现代化篮球教学的发展。

三、篮球教学中引入拓展训练的可行性

（一）拓展训练所需场地与器材比较简单

拓展训练与其他训练模式相比，有比较强的适应性和灵活性，在室内和室外都可以开展相应的拓展训练活动，而且拓展训练在篮球赛事中也可以得到落实。教师可以对学生进行分组，进行小组练习，小组练习需要一些比较简单的器材，可用篮球替代，甚至还有一些不需要任何器材就可以开展的训练项目，教师可从学生的真实情况出发来合理安排与调整不同的场地和器材。另外，教师需在深入分析和研究训练目标的基础上合理配置与有效利用各种器材资源，从而在整体上提升拓展训练的效果和水平，使拓展训练的作用和价值得到充分有效的发挥。

（二）拓展训练安全性较高

拓展训练具有组织性和计划性，在拓展训练实践的落实过程中，大部分活动都是相对安全的，主要是地面项目，学生在参与训练前，教师会对其进行正确引导和安全教育，教师需要从学生实际情况出发做好前期策划和客观分析工作，不同环节之间的联系必须要加强，从而使拓展训练活动开展的安全性和可靠性得到有效的保障。另外，要严格按照国家的统一标准来检查拓展训练中采用的器材，使双重保护的作用和价值得到真正的发挥，最大化地保证拓展训练的安全性。

（三）篮球教师可胜任拓展训练师的角色

拓展训练涉及的内容较多，也具有一定的复杂性，而且不同项目与游戏活动之间存在某些联系，篮球教师应结合学生的日常生活与学习来安排一些能够吸引学生注意力、激发学生参与积极性的拓展训练活动。传统体育和游

戏活动对学生具有一定的吸引力，对学生实际学习需求进行深入了解是教师的一个职责，在实践教学中掌握了相关实践经验的教师不在少数，这些教师对拓展训练的活动要求、相关规则也有一定的了解，因此能有效组织学生的拓展训练活动，有效点拨和引导学生参与拓展训练活动，同时鼓励学生分享团队经验。所以说，现有的篮球教师基本可以胜任拓展训练师的工作。

四、拓展训练在篮球教学中的应用策略

（一）建立与完善拓展训练实践体系

为了能够有效开展学校篮球教学活动，篮球教师应以学生的实际情况为依据将拓展训练方法应用到篮球教学中，并重视对拓展训练体系的建立与完善，从而实现既定的篮球教学目标。建立与完善拓展训练实践体系需要做好以下工作：

第一，分析篮球培养目标，在此基础上选择适宜的拓展训练项目来开展。

第二，在篮球教学过程中依据教学需要实施拓展训练。

第三，根据体育场地条件来调整与完善拓展训练计划，并对相应的拓展训练实施方案加以制订，不断完善拓展训练实践体系。

拓展训练教学方式具有可持续性，能够有效培养学生的篮球技能、提高学生的篮球竞技水平。

（二）教师充分发挥自身的引导作用

篮球教师要意识到自身在篮球拓展训练活动中的重要性，并将自身的引导作用充分发挥出来，合理设计拓展训练的个人与团队项目，有效培养学生的兴趣，充分调动学生的积极性，培养学生的团队合作意识，促进学生身体素质水平的提高，实现健康全面发展。拓展训练对教师的专业能力、思维能力、创新能力有较高的要求，因此教师要不断丰富与完善自身知识结构与技能素养。

（三）对篮球教学与拓展训练进行整合

在篮球教学中将拓展训练法融入其中，需要将二者的主次关系分清。拓展训练为篮球教学服务，是一种辅助性的教学方式。因此应该以篮球教学为主，将教学目标明确下来，依据教学目标对拓展训练项目进行科学合理的安排。

第三节 启发式教学视角下的篮球教学

一、启发式教学的内涵

启发式教学指的是在充分发挥教师主导作用的前提下，依据学生的认知规律和本学科的规律，激发学生的求知欲，调动学生的积极性，从而让学生最大限度地获取知识与技能的一种教学方法。

启发式教学最主要的特点是调动学生学习的积极性、主动性，以促进其综合能力与素质的发展。

（一）启发式教学的目的观

启发式教学的目的是让学生充分发挥自己的能动性、主动性与创造性，提升学生的学习兴趣，使其养成自主学习的良好习惯，促进其全面发展。

将启发式教学应用到篮球教学中的目的在于，让学生在学习中发挥自己的主体作用，调动学生学习篮球的积极性，从而全面、灵活、熟练地掌握篮球技巧。

（二）启发式教学的过程观

启发式教学的过程既是灵活多变的，也是统一协调的。在篮球启发式教学中，篮球教师应设置一定的情境，引导学生自己发现问题。

启发式教学有以下两点基本要求：

第一，充分重视对学生收敛性思维与发散性思维的培养。

第二，充分重视学生智力因素以及非智力因素的全面发展。

（三）启发式教学的课程观

启发式教学与过去"填鸭式"的教学方式是相对的，启发式教学强调在课堂教学中采取各种有效的方式引导学生积极独立思考，以自主获得新知识。

启发式教学的实质为：调动学生学习的主动性，引导、启发学生积极自主思考，挖掘学生的内在潜能，让外部教学产生内化作用。

篮球启发式教学的课程观强调的是学生的自主创新、实战练习，充分发挥学生的创造性思维，获得可观的学习效果。

二、启发式教学视角下篮球教学模式分析

随着体育教学改革的不断深入，传统体育教学模式的弊端越来越明显，学生学习的需要难以得到充分的满足。传统体育教学模式单一、死板，只关注传统技术动作，不重视传授技术效果，导致学生在实践中无法灵活运用所学的技术。针对这种情况，改变传统的教学模式最为关键，不同的教学模式都有自己的优势、运用范围、运用条件与运用时机，转变传统思想，更新观念，对新的教学方法和模式进行积极的研究与探索是非常重要的。

如何让学生对篮球课产生兴趣，如何提升学生的专项技能，如何改善教学的效果，如何让教学方法适应学生自身状况，这些都是目前篮球教学的全新课题。

启发式教学思想的学生观指的是学生是一个完整的个体，教学活动在学生的一生中是一段极为重要的经历。在篮球教学中，对学生全面性的培养目标体现在意、行、知、情等方面，学生若在教学中实现了长足的发展，便会反作用于教学，优化教学。篮球教学不但可以提升学生的认知能力，还能使其情感控制力得到提升，使其情感体验更加丰富而深刻。

三、篮球启发式教学的评价方法

篮球考核包括理论考核与实践考核，前者主要包括平时作业完成情况、课堂提问等内容，要求简单实用、针对性强；后者包括传接球、多种变向运球与一分钟投篮等。

下面主要探讨实践考核的方式。

（一）传接球

1. 测试方法

两人从端线外开始同时向对面球篮进行行进间传接球，然后行进间上篮（若未投中，不补篮），抢篮板球后返回，往返两次，最后依次上篮，投篮出手后停止计时。

2. 成绩评定

依据受试者的成绩来排名。只需记录最佳成绩。

3. 技术规格评定

传接球测试的技术规格评定见表4—2。

表4—2 技术规格评定

等级	分值	评分标准
优	10～8.6	动作正确、协调、实效、连贯
良	8.5～7.6	动作正确、协调
中	7.5～6	动作基本正确、协调
差	＜6	动作不正确、不协调

（二）多种变向运球上篮

1. 测试方法

受试者站在篮球场端线中点，面向前场，右手运球至①完成背后运球变向动作，然后左手运球到②，做转身运球变向动作，接着用右手运球到③完成胯下运球后再换左手上篮。

受试者在球中篮后方可用左手运球返回③，然后背后运球，换右手运球到②，后转身变向运球到①，右手胯下运球，再右手上篮（图4—1）。

球中篮后重复一次，然后回到原处，停止计时。

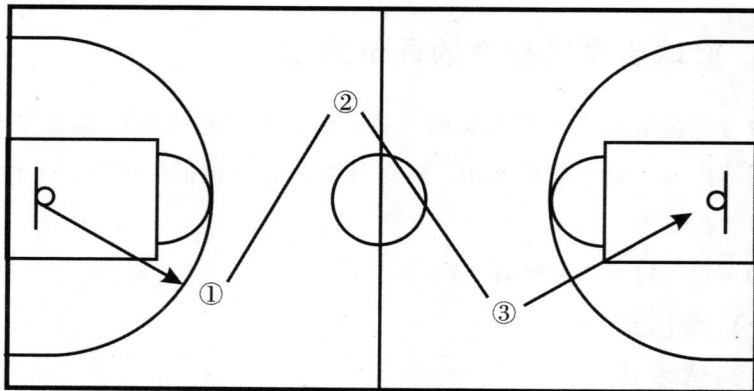

图4—1 多种变向运球上篮

需要注意的是，篮球场上的①、②、③三个标志，指的是以40厘米为半径的圆圈，在测试时，受试者要一脚踩到圆圈内或圆圈线上才能变化方向。

2．成绩评定

依据受试者的成绩排出名次，只需记录最佳成绩。

（三）投篮

1．测试方法

以篮圈中心的投影点为圆心，55 厘米为半径画弧，受试者在弧线外连续进行 2 分钟的自投自抢，投篮方式不限，记录投中次数，共测 2 次，记录最佳成绩。

2．成绩评定

根据投中次数排列名次，只记录最佳次数。

第四节　掌握学习视角下的篮球教学

一、掌握学习理念解析

掌握学习理念是以人人都要达到预期学习目标为基础，以基本学习能力和能力发展趋势及不同基础的学生团队为前提，在学习过程中以形成性评价为主要的评价体系，结合个性化差异和及时反馈的教学方法，使班级学生都达到预期教学目的的教学理念。

二、掌握学习教育目标分类理论

在体育教学中参考一定标准对教学目标进行划分，有利于预期教学目标的达成和对教学资源的充分利用。在掌握学习教学理论中，教学目标主要有以下三类。

（一）认知领域目标

这类目标强调学生的技能掌握情况和对已学知识的巩固情况。

（二）情感领域目标

这类目标强调学生学习的兴趣、态度和自主性。

（三）动作技能领域目标

这类教学目标强调学生的动作技能培养效果。对教学目标的划分不是越细越好，而且注意相互间的顺序和逻辑关系，要便于对教学顺序进行合理安排，以便更好地引导学生学习，使学生获得更好的学习效果。

三、掌握学习教学法的意义

掌握学习教学法是学生利用学习时间学会相关内容的新型教学方法。掌握学习教学法具有以下几方面的意义。

（一）有利于形成新的教学观

掌握学习教学法直接面向学生，对学生应该达到什么目标提出了明确的要求，对学生学习进行直接的引导，学生的主体性和能动性得到充分发挥，学习的积极性被成功调动。采用教与学的双向方式能够有效提高教学水平。掌握学习中既有针对教师教学的目标，也有针对学生学习的目标，能够充分发挥教师的主导作用和学生的主体性，并将二者密切结合，对培养新型人才具有重要意义。

（二）有利于形成新的学生观

"学生的学习成绩呈正态分布"，这是一种传统的学生观，学生尤其是学困生的发展在很大程度上受到了这种观念的制约与束缚。"人人都能学习"，只要每个学生的学习时间充足，并给予其恰当的引导，学生的学习成绩都能有所进步，这时学生的学习成绩将呈偏态分布，偏向高分一端。很多实验都表明，教师力图使学生学会的知识，学生是能学会的，只是不同基础的学生学会同一知识所用的时间长短不同。

（三）有利于促进反馈与矫正的及时性和有效性的增强

传统教学强调量的积累，教师给予的帮助和指导不够，而篮球运动对参与者的速度、协调性有比较高的要求，教师的指导与帮助对学生来说是必不可少的。掌握学习理论要求教师以课堂上的直观信息和非直观信息为依据对学生的学习情况进行形成性评价，从而促进反馈—矫正（教师）和自我反馈—矫正（学生）的形成，及时纠正错误动作，提高学习效率和动作质量。

（四）有利于班级的个别化教学

传统的教学组织形式和教学方法很难使不同发展水平的学生的需要得到充分满足，一部分学生"吃不饱"，一部分"吃不了"的现象在传统教学中普遍存在。学生智力因素并不是造成这种现象的原因，教学方法与学生的特点不适应、学生得不到较多的指导与帮助以及学生学习时间有限才是造成这种现象的主要原因。只要以学生的个性特点和学习规律为依据提供教学方法与指导帮助，那么基本上所有学生都能有所收获。

（五）有利于教学目标和教学评价的有机结合

传统教学评价不重视评价教学过程，以评价结果为主。而掌握学习教学注重诊断性评价、形成性评价和终结性评价等多种评价方式的有机结合。这些评价方式在教学中所起的作用都非常重要，既有助于教学时效的提高和高质量地完成教学任务，也能使教学目标和教学评价得到充分结合。

四、掌握学习教学与传统教学的比较

传统教学以自然班的集体教学为主，教师按照教学大纲组织教学工作，教学进度统一，期末测验标准也基本统一，通过终结性评价来了解学生的学习情况。在体育教学改革不断深入的今天，传统教学的弊端已经有目共睹，必须将此作为重点改革对象。

掌握学习教学同样以班级授课为主，但教师依据教学大纲对教学内容分单元、分层次地进行安排与实施，而且还会定期进行阶段性评价，了解学生某个阶段的学习情况，及时发现问题，以便在后面的教学中做得更好，更加契合教学大纲要求。

掌握学习教学关注学生的个性需求与个体差异，有利于发挥集体教学方式的作用与优势，可有效提高教学质量。

五、掌握学习视角下篮球教学的程序

（一）呈示掌握目标，交代学习任务

篮球教师先交代本次课的目的，再引出具体教学目标，让学生清楚在本次课上要达到什么目标，从而使学生的学习更有方向。这一教学阶段的中心任务是促进学生统合认知结构的形成。

（二）教师指导学生实现目标

篮球教师依据教学目标、教学内容和教学对象的实际情况选择适合的教

学方法，旨在实现预期的教学目标。

教师需要教给学生达标的方法和技巧，使学生迅速进入学习状态，积极主动地学习。教师还要编制一些具有层次性、逻辑性，且能够激发学生学习、有助于达标的辅助材料，并对学生的思维能力进行培养。

（三）形成性检测和评价

教师对预期学习目标与最终学习成果进行对照，进行形成性评价，了解哪些目标已达成、哪些目标未实现、有哪些问题等，从而有针对性地调整接下来的教学过程，及时弥补不足，实现那些未实现的目标。在进行形成性检测与评价后，教师要针对优秀的学生和落后的学生采用不同的教学方式。对于前者，以"强化""深化"其学习效果为主；对于后者，多提供学习技巧，帮助其提高动作质量。

第五章 高校篮球运动训练理论与方法设计

竞技篮球在我国广受欢迎，一场精彩的球赛可以吸引大量的球迷观看。随着人们关注度的提高，我国竞技篮球获得了快速的发展，在许多篮球比赛中取得了不错的成绩，但随着比赛的增多，竞争越来越激烈，传统篮球训练理念和方法显得较为落后，也因此导致了很多问题的出现。为解决这些问题，我国必须加强对篮球训练的深入改革与创新，不断完善篮球训练理论，改进训练方法，构建新的训练模式，从而提高篮球运动训练水平，推动我国竞技篮球的进一步发展。

第一节 篮球运动训练的理论基础

一、篮球运动训练的生理学基础

(一)人体运动的氧运输系统

1. 需氧量

需氧量指的是维持人体正常生理活动的氧量，身体健康的人在安静状态下每分钟需氧量是 250 毫升。

在篮球运动训练中，训练内容、训练时间以及训练强度等都会影响篮球运动员的需氧量，基本规律是需氧量随运动强度的增加而增加。

篮球运动员要想不断提高自己的训练水平和竞技能力，就需要在篮球运动训练中不断增加运动量与运动负荷，而随着运动强度的增加，机体需氧量也会相应增加，此时如果氧气供应不足，就容易出现氧亏现象，从而影响正常训练。

2. 最大吸氧量

最大吸氧量指的是在需要大量肌肉群参加的力竭性运动中，当氧运输系统中的心泵功能和肌肉的用氧能力达到本人最大极限时，人体单位时间内摄取的氧量。

在最大吸氧量的影响因素中，遗传、年龄、性别及运动训练因素的影响比较明显，因此将其称为显性因素。除此之外，还有一些潜在的隐性因素也对最大吸氧量有影响，如呼吸、肌肉代谢等，这些潜在因素也是限制因素，因为它们对最大吸氧量产生的主要是限制性影响。

最大吸氧量有两种测定方法，即直接测定和间接推算。直接测定具有一定的危险性，间接推算法相对更安全。

（二）能量代谢

在篮球运动训练中，有氧和无氧代谢系统共同发挥作用，但只有训练中最强负荷阶段的时间才能称作有效负荷时间，如篮球运动员在急停、跳跃、疾跑中获得关键分值。单纯从篮球运动的比赛时间来看，机体供能形式主要是有氧代谢供能，但从有效攻防技术的有效负荷时间来看，无氧代谢供能才是主要的供能形式。因此分析篮球运动训练的能量代谢供能特点时，不能只看比赛时间或训练实践，而要从有效负荷时间着手，从本质上进行把握。

篮球运动训练中，能量代谢系统提供 ATP 的百分比与竞技时间有直接的关系，主要规律是无氧供能的强度随竞技时间的缩短而提高。

二、篮球运动训练的心理学基础

（一）心理因素对篮球运动训练的影响

1. 智力对运动训练的影响

在篮球运动训练中，运动员的记忆力是否精确、观察力是否敏锐、想象力是否丰富以及思维能力是否迅速等都会影响篮球运动训练的效果。

2. 情绪对运动训练的影响

篮球运动员在运动训练中是否具有活力、运动能力能否正常或超常发挥，直接受自身情绪的影响。情绪良好、精神饱满的运动员往往能够全身心投入训练，坚持完成训练任务，挑战更好的成绩。而情绪低落、无精打采的运动员在训练中很难将注意力集中到训练任务的完成上，无法发挥自己的正常运动水平，导致训练成绩不理想。运动员个体的情绪还会影响到整个运动队的士气，因此运动员要避免自己的不良情绪给队友造成负面影响。

3. 意志对运动训练的影响

篮球运动训练是培养运动员良好意志品质的重要途径，反过来，运动员坚强的意志品质也会给运动训练带来积极影响。意志坚强的运动员能够对动作技能的运用更加熟练，通过长期的训练而获得良好的竞技能力和运动成绩。

（二）篮球运动训练中心理疲劳与控制

1. 运动心理疲劳的概念与表现

运动心理疲劳是一种综合征，泛指情绪和体力耗竭感、成就感的降低和运动被贬值的综合表现。

运动心理疲劳的症状主要有安静时收缩压增高、肌糖原下降、体重减轻、肌肉长期疲劳、疼痛感明显、消化功能下降、情绪低落、心境紊乱、精神不振等。

2. 运动心理疲劳产生的机制

（1）投入模型

在运动训练过程中，运动员的投入和获得的评价直接决定其是否继续训练，有些评价能够使运动员继续训练，而有些评价则使运动员因心力耗竭而无法继续训练，评价内容包括运动员在训练中的投入、付出的代价、心理满意度以及训练效果等。通过对这些内容的评价，可以预测运动员是否继续参加运动训练。

（2）认知—情感应激模型

认知—情感应激模型是一个典型的心力耗竭模型，运动员在运动训练中的心力耗竭与应激有关，运动员在长期应激中如果无法适应，则会退出运动训练，这种不情愿主要表现在身体、心理及情感等方面。

（3）消极训练应激反应模型

消极训练应激反应模型的基本理论是：运动员对训练应激的消极反应是运动员在运动训练中心力耗竭的主要原因。

篮球运动员参与运动训练主要以提高运动成绩为目的，而要实现这一目标，篮球运动员就必须尽快适应运动训练中的应激，如果无法适应，则容易引起心理疲劳，并影响训练效果。

3. 运动心理疲劳的消除

篮球运动员可通过心理疗法来缓解和消除在运动训练中出现的心理疲劳。心理疗法主要是通过对心理学理论、原则和技术的应用来矫治各种心理、精神、情绪和行为障碍或严重的情绪困扰的特殊治疗手段。这种手段有助于帮助运动员放松神经与精神，减轻运动员的心理压抑程度，使神经系统恢复正常工作，从而促进其他身体器官、系统的恢复，进而消除疲劳。

采用心理疗法消除运动心理疲劳时，要分析心理疲劳产生的原因，在此基础上有针对性地采用具体的治疗方式。常见的心理疲劳调节方式有调整训练、自我评价、设定目标、求助社会以及培养兴趣。

三、篮球运动训练的运动学基础

（一）人体运动系统的基本构成

1. 肌肉

肌细胞是肌肉的重要组成要素，同时也是肌肉的基本功能单位，由于肌细胞形状细长，所以也被称为肌纤维。

作为肌肉的重要形式之一，骨骼肌有着非常重要的作用，而且在人体内分布广、数量多，是人体运动系统的主体构成。

2. 骨骼

骨骼作为人体运动系统的重要组成部分，发挥着重要的杠杆作用，正因如此，人体运动才能更加灵活。骨骼还能对人体器官加以保护，储备微量元素，同时还能支撑身体，这些都是骨骼的主要作用。

3. 关节

关节是骨与骨之间的连接，连接人体骨骼、支撑并保护人体等是关节的主要作用。关节能够在有效稳定骨骼的同时使骨骼保持一定的灵活性，人体所有运动都是通过关节的活动实现的。

（二）篮球运动技能形成的相关理论

1. 人体的适应能力及超量恢复理论

篮球运动训练的过程实际上是运动员的机体不断适应外界环境变化的过程，在运动训练过程中，运动员身体各器官系统受到不同的刺激而发生适应性变化，包括肌肉、骨骼、心肺功能等各方面的变化。

运动训练后，运动员在训练中消耗的能量以及运动器官的疲劳会逐渐恢复到运动前水平，甚至比运动前水平更高，这一机能状态反应就是"超量恢复"。当前，超量恢复原理是现代大运动量训练的重要理论依据和基础。

人体的超量恢复保持的时间不会太长，这就要求通过相应措施来尽可能巩固超量恢复的效果，减缓其消失的速度。一般来说，人体运动疲劳恢复的时间越长，则超量恢复的时间也保持得越久。

2. 运动技能形成理论

运动技能的形成过程包括以下几个阶段。

（1）泛化阶段

运动员练习专项动作技能的初期，经过分解示范和自身实践而逐步形成感性认识，产生对动作技术的初步印象，但因为还未深入认识技术动作的内在规律，也没有形成稳定的条件反射机制，所以便产生了泛化现象。

（2）分化阶段

分化阶段是运动技能形成的第二阶段。在这一阶段中，运动员对动作技能及其内在规律会形成初步的理解，并初步掌握运动技能。

（3）巩固阶段

经过反复练习后，人体的运动条件反射机制趋于稳定，动作技术的准确度、优美程度也有所提升，运动员可以较为省力和轻松地完成练习。

（4）动作自动化发展阶段

动作自动化发展是动作技能建立的最后一个阶段。在这个阶段，运动员要时刻注意检查自己的动作质量，及时纠正细微的错误，以免将变形的动作形成习惯。

第二节　影响篮球运动训练的因素

一、影响篮球运动训练科学化的因素分析

影响篮球运动训练科学化的因素主要有以下几方面。

（一）科学技术

科技是第一生产力，这句话同样适用于体育领域，在篮球运动训练中，先进的体育科技所发挥的重要作用是其他因素所不可替代的。在现代篮球运动训练中，先进的训练仪器和设备被频繁运用，各个训练环节中都渗透着科学的管理思想和方法，这大大提高了篮球运动训练的科学化水平和训练效率。

（二）科学教育

科学教育对篮球运动训练的影响力非常重大，篮球教练员的素质在一定程度上更是直接决定了运动训练的效果。此外，在篮球运动训练科学化发展方面，新型科技人才的继承、发展及创新也是非常重要的直接动力。培养优秀的篮球科技人才能够保障篮球运动训练的科学发展。

（三）科学管理

篮球运动训练的科学发展会受到很多因素的阻碍，只有对科学管理因素的规律有正确的把握，充分发挥科学管理的作用，在管理体制与机制方面不断完善、科学创新，积极主动地加强管理，才能有效提高篮球运动训练的科学化水平。

（四）社会环境

社会环境是不断变化的，呈现出明显的与时俱进趋势，这对篮球运动的科学化训练产生了一定的影响。一方面，国家经济层面为运动训练的开展提供了重要的物质保障；另一方面，区域经济发展不平衡也在一定程度上造成了地区运动训练的差异，可见社会环境因素对篮球运动训练的科学化具有十分重要的影响。

（五）保障条件

体育科技的创新、成果的转化及其在运动训练中的推广与应用是保障篮

球运动训练长期稳定发展的重要条件。此外，篮球运动训练的科学化发展离不开教练员、运动员、管理人员及科技人才的相互协调配合。

二、影响篮球运动训练成败的因素分析

篮球运动训练的成败一般根据篮球运动训练是否实现了预期训练目标来衡量，而篮球运动训练目标的实现是受很多因素影响的，根据各影响因素的性质及其与训练目标的关系，可设计如图5－1所示的影响因素结构。

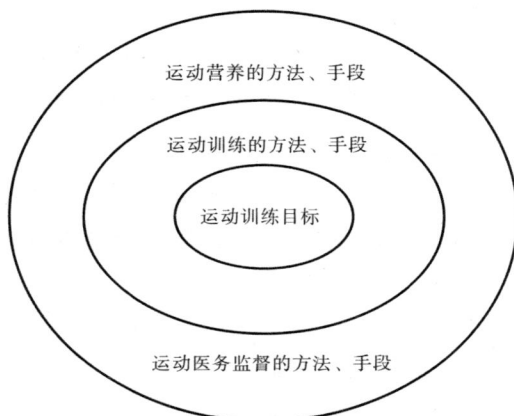

图5－1　影响篮球运动训练目标实现的因素

从图5－1来看，运动训练的方法、手段是影响运动训练目标实现的最直接的因素，其他影响因素如运动营养、运动医务监督主要是支持与辅助运动训练的方法、手段。

（一）运动训练的方法、手段

篮球运动训练的方法是否科学、先进，直接影响篮球运动训练效果，而训练效果的好坏与训练目标的实现程度有直接的关系，所以说运动训练的方法、手段是影响篮球运动训练目标实现的核心因素。

判断篮球运动训练方法的优劣，不能看其形式，而要看其内容，良好的训练方法一方面体现在适合篮球专项；另一方面体现在训练方法手段的科学组合。客观而言，训练方法的优劣决定了篮球运动水平的高低。篮球运动训练方法非常丰富，但一般都是组合起来使用的，训练方法的组合、战术组合以及训练负荷的组合都会影响篮球训练目标的实现。

（二）运动营养

在确定篮球运动训练方案后，运动营养就直接关系到篮球训练目的的实现。篮球运动员的能量供应、运动恢复等都直接受运动营养的影响，运动营养进而对运动员技能的发挥、运动训练目标的实现产生影响。

科学的运动营养方法应该是符合运动专项的，具有针对性，而且也比较具体。在篮球运动训练中实施运动营养方法，要综合考虑训练时间、训练环境、运动员的身体状况等实际情况，要确保运动员营养均衡、全面。

（三）运动医务监督

篮球运动训练目标的实现离不开运动医务监督与各训练环节的密切配合，否则即使训练过程再科学、合理，如果没有系统的医务监督相配合，训练目标也难以实现，即使实现了某一目标，运动员也可能付出惨重的代价，如发生运动损伤等。科学的运动医务监督能够有效缓解与消除篮球运动员在训练中出现的运动疲劳，使运动性损伤、疾病出现的可能性降低，从而降低篮球运动人才的损失率。

在篮球运动训练中加强医务监督，一般要注意以下几个方面：

第一，对生理与病理的界限有所明确。

第二，从医学上评定运动员身体机能状况。

第三，防治运动性损伤与疾病。

第四，做好运动卫生保健工作。

第五，注意伤病后的恢复训练。

第六，消除运动疲劳。

第七，比赛时提供全面的医疗服务。

第三节　篮球运动训练创新的对策

篮球运动训练创新的对策主要包括以下几点。

一、转变训练理念

在现代进行篮球运动训练，要求篮球教练员和运动员及时转变传统的训练思想，更新训练理念，引进先进的训练理念。转变训练理念的一个重要方面就是对篮球运动的体能训练和战术训练给予充分的重视，有机结合体能训练和战术训练，使运动员"文武兼修"，各方面素质均衡发展，走出"偏科"的误区。

二、加强对篮球教练员的培训

篮球运动训练的创新与发展需要加强对篮球教练员的系统培训，严格审查篮球教练员的任职资格，不录用没有获得相关资格认证的教练员，建立专业化的教练员队伍，对高素质、高水平的篮球运动员进行培养。此外，要鼓励篮球教练员创新训练方法，改变单一枯燥的训练模式。

三、拓展篮球训练途径

在篮球运动训练中，教练员要合理使用现代化多媒体训练手段，使训练途径更加丰富多元。在篮球技术训练中，教练员可根据训练内容的特点对多媒体课件进行设计，将篮球训练内容以文字、声音、图片、视频等多元化的形式传播出去，通过多媒体手段，能够生动形象地展示篮球运动中一些技巧性的动作，使运动员更好地理解与掌握训练内容。在采用多媒体手段的同时，教练员要配合讲解的方式，使理论传授与练习实践有机结合起来，弥补传统篮球训练的缺陷，以不断提高篮球训练质量。

四、加强篮球假动作训练

假动作在篮球运动中经常出现，这也是篮球运动技巧训练的重要内容之一。在篮球假动作训练中，基础性动作的训练不可忽视。只有先掌握好篮球基础性动作，才能做好假动作。教练员要多引导运动员进行基础性动作练习，如练习原地静止、碎步、跳跃等，同时还要对运动员听令向多个方向快速起动的技能进行培养。此外，运动员还要对侧身跑、折线跑、来回跑等各种姿势的跑动技能多加练习，通过基础性动作练习，提升动作的灵敏性，改善肢体的协调性。在基础性动作练习到一定程度后，再练习篮球假动作，练习方式包括：

第一，徒手假动作连续穿过障碍物。

第二，徒手一攻一守练习。

第三，无防守练习等。

篮球假动作训练的方式有很多，综合各种方式进行训练，能够使运动员的脚步更轻盈，跳投能力、攻击能力和防守能力进一步增强，从而在整体上提升运动员的篮球专业素养。

五、加强篮球技战术创新

创新是现代篮球科学化发展的重要路径。在篮球运动训练的创新中，技术与战术的创新非常关键。

篮球运动员进行技术创新，首先要全面掌握篮球技术，然后在此基础上进行创新，如在被封盖时使用不同的动作完成传球或投篮，在对方严密防守的情况下合理使用技术动作实现突破等。

战术的创新主要体现在战术的配合上，教练员要依据篮球队的实际情况设计战术配合方案，形成独特的风格，提高战术水平，在比赛中充分发挥优势。

篮球技术与战术的创新是密切相连的，只有二者协调发展，才能稳步推进篮球运动的科学发展。

六、加强篮球比赛训练

篮球比赛能够将运动员的斗志激发出来，提升运动员的训练热情，这也有助于培养运动员的篮球训练意识与行为。因此在篮球运动训练中适时进行篮球比赛训练非常重要。可以模仿职业比赛的形式来展开篮球比赛训练，教练员要给每个运动员提供参加比赛的机会，为运动员的发展创造良好的条件，促进运动员篮球综合素养和能力的提升。

第四节　篮球运动训练方法与创新

一、常见的篮球运动训练方法

（一）重复训练法

重复训练法指的是在篮球运动训练过程中，采用同一运动负荷和相同的间歇时间多次练习某种动作，以达到增加运动负荷和巩固技能目的的训练方法。在篮球运动中，连续投篮、传球等技术可采用这一方法进行训练。重复多少次数，要以运动员所能承受的运动负荷量和完成动作所需的练习量而定，重复次数不同，作用不同，巩固机能的效果也不同。

（二）循环训练法

循环训练法是综合了重复法、间歇法等一系列练习方法的综合方法，它是把多项活动内容设计成若干个站，让运动员一站一站进行练习，通过连续完成多种不同项目的循环，按照运动员自身的负荷指标，逐步提高负荷量，达到增强专项技能的目的。

（三）变换训练法

变换训练法指的是在篮球运动训练过程中，有目的地变换练习负荷、动作组合、练习环境与条件等，在此基础上进行训练的方法。不同的训练环境条件、速度、动作组合形式等对机体的影响是不同的。

（四）比赛训练法

比赛训练法指的是以比赛作为训练形式，通过比赛来调动队员积极性、提高运动员篮球技战术能力的方法，比赛训练法能够有效激发运动员的斗志，促进运动员积极向上、克服困难，取得优异的成绩。

（五）心理训练法

心理训练法指的是在篮球运动训练中，运用心理学手段促进运动员心理素质和运动成绩不断提高的方法。心理训练与传统的身体训练、技术训练、战术训练和人格培养相结合，构成了现代运动训练的完整体系。心理训练方法主要包括运动表象训练法、想象训练法、放松训练法等多种类型。

二、篮球运动训练的新方法

（一）八字训练法

八字训练法的八字是循环、持续、间歇、组合，八字训练法其实就是循环训练、持续训练、间歇训练和组合训练的结合。将这些常规训练方法综合起来运用到实践中，可充分发挥各个训练方法的作用，取得良好的训练效果。

（二）意识训练法

将心理意识训练及战术意识训练结合起来的训练方法就是意识训练法。在篮球训练中，教练员应引导运动员对以前所学的篮球知识进行回忆、联想，使运动员将理论、实践有机结合起来，对那些技术动作的含义能够真正理解，做到融会贯通、举一反三。心理意识训练对于运动员自身的练习和教练员的执教都有重要的意义，可达到双赢的效果。意识训练法还能够对运动员的竞争意识和合作意识进行培养，使运动员在训练中始终保持积极向上的精神状态，实现身心与技能的和谐发展。

（三）领会训练法

领会训练法重点对运动员的篮球认知能力进行培养，使运动员对篮球运动的特征有深刻的了解，促进其技战术意识的提升。只有先提高了运动员的篮球认知能力及练习兴趣，才能使运动员自觉自愿地进行技战术练习。所以在篮球运动训练过程中，教练员一定要将领会训练法落实好。

首先，带领运动员对篮球运动的特征加以学习，让运动员对篮球的特征有较为全面的了解，从而使其在技战术练习中能够融会贯通，提高训练效率。

其次，重视培养运动员的战术意识，在整个训练过程中都要贯穿战术意识。

最后，加强实战训练，使运动员的技术能力与战术配合能力在实战中不断提升。

（四）游戏训练法

游戏训练法趣味性高、实用性强，能够打破传统篮球训练的束缚，将运动员对于篮球训练课的兴趣和练习热情充分激发出来。篮球教练员在实施游戏训练法前，一定要将准备工作做好，设计丰富的游戏方式，并向运动员准确讲解游戏方法与规则，在游戏过程中，教练员要加强引导，以免发生意外情况。一般来说，教练员设计或引用的游戏方法应具有较强的对抗性、竞争性和趣味性。

三、篮球训练方法创新的途径

（一）破旧立新

创新篮球运动训练方法，最基本的就是要将传统陈旧的训练思想观念和训练模式摒弃，更新观念，在新观念的指引下进行创新，如此才能事半功倍。例如，教练员应转变自身的思想观念，对篮球运动训练的重要性有一个全新的认识，并积极思考自己原有的训练思路、手段等，思考的主要内容有"传统单一的训练方法能否适应现代社会的发展趋势""先进的训练手段是否就一定能够满足当今社会的需求""如何组合运用训练方法和手段才能提高运动员的运动水平"等。通过思考这些问题，教练员充分认识到传统的训练方法与当前的形势已不符，必须创造新的训练方法才能使运动员的运动水平得到提高。树立新的观念后，教练员自然会摒弃陈旧的方法及思想，以全新的思路来思考和解决问题，加大对篮球训练方法的创新力度。

（二）逆向思维

篮球教练员在选用篮球训练方法的过程中很可能会受到传统经验的影响，教练员也因此困在一个牢固的框架中，思维固定，毫无创新的想法和思路。对此，教练员首先要转变自己的思维方式，摒弃传统思维，形成逆向思维，树立先进的训练观念，从运动员的实际情况出发对具有创新性、实效性的多元训练方法进行设计。树立逆向思维对篮球教练员而言非常必要，教练员只有从反方向思考问题，才能获得思想上的解脱，才会有创新训练方法的想法和灵感。

（三）克弱转强

在篮球运动训练中，教练员应及时发现运动员的不足和弱点，然后有针对性地提出能够克服运动员缺陷与弱点的有效训练方法，使运动员将弱点转化为强项，促进其运动水平的提高和各方面素质的均衡发展。所以，在篮球运动训练中，教练员应该深入分析所选用的训练方法，根据运动员的弱点来判断该方法能否使运动员克服弱点，转化为强项，若判断所采用的训练方法无法帮助运动员克服弱点，则应及时调整与更新训练方法，选用能够弥补运动员不足的训练方法，以培养更多优秀的篮球运动员。

（四）移花接木

近年来，随着我国科技与经济的不断发展，国家越来越重视教育，也逐渐提高了知识的综合应用程度。很多学科知识表面来看没有什么联系，但在实际教学中可以组合起来一起教，这反映出知识具有较强的渗透力，而且也有非常明显的聚变效应。在此基础上，篮球教练员可以在训练方法创新中充分运用其他学科的原理及方法，这种移花接木的方式能够有效衔接各学科的知识，进而将更先进、多元、完善的训练方法创造出来。例如，篮球教练员可以在训练中融入信息论、系统论等内容，使训练方法与运动员的实际情况更贴近，在提高训练效果的同时促进体育科学的进一步发展。

第五节　篮球运动训练模式与创新

一、篮球运动训练过程的一般模式

（一）训练目标

在篮球运动训练中，训练目标是在选材前确定，还是选材后确定，体现了两种不同的运动训练观。传统的运动训练观是先选材，然后确定训练目标，根据训练目标安排训练，这是小生产观念指导下的盲目训练，在过去一段时间内，或者说在竞技体育发展水平较低的时期内，这样的训练模式比较有效，但这种"惯性认识"也使人们观念的更新受到了严重的影响。

我国篮球运动训练的主要目标是培养优秀的运动员，争取在比赛中取得优异的成绩，这个目标是明确的、统一的。篮球训练目标是篮球训练过程的发端和动力来源，因为训练目标的制定过程属于决策管理层次的问题，因此竞技运动过程不包括这个程序。但不可否认，篮球运动训练过程的出发点和最终归属都是实现预期的训练目标。

（二）运动员选材

在篮球运动训练的整个过程中，第一个程序是运动员选材。运动员取得优异的比赛成绩与其先天的天赋和后天的努力分不开，所以，要保证运动训练的成功，关键在于选拔出优秀的苗子，经过科学培养，实现训练目标。在这种情况下，"选优"则不是选材的唯一指导思想，因为我们不可能无限扩大选拔范围来选材，正是因为选材范围有限，才从根本上导致"矮子中挑大个"的现象，而"大个"是否就一定是优秀的苗子，这也没有科学定论，显然从指导思想上来看，这种选材是不科学的，因为第一个环节就出现了问题，所以无论后面训练工作做得多好，也很难取得更好的结果。

（三）诊断运动员现状

诊断运动员现状就是指对运动员的现实状况进行测定，对其当前存在的问题及产生的原因进行分析。在选材环节被选中的后备人才，一般被认为经过培养和针对性的改造有可能实现训练目标，所以说刚开始这些运动员与预期目标之间还是有距离的，还需要经过系统培养与训练，但在训练中重点培养和改造什么，他们离预期目标到底有多大的差距，有哪些根本上的原因造成了差距的存在，这些问题都是不清楚的，所以很多改造都是徒劳。因此，诊断运动员的现状非常有必要。

（四）制订训练对策

经过诊断运动员的现状，对运动员与训练目标之间的差距有所明确后，就要开始制订训练的原则、方法及策略了，目的是缩短直至消除这些差距，以实现训练目标。

（五）制订训练计划

在篮球训练过程中，核心任务是实现训练目标，而消除运动员现实情况与预期目标之间的差距是完成这一核心任务的首要工作，这项工作艰苦而复杂，而且不是经过几次训练就能消除这些差距的，因此将训练对策制订出来后，还应制订详细的计划来安排实施对策的具体步骤，这就决定了在制订训练对策后必须开展的另一个子程序，即制订训练计划。

篮球运动训练计划是实施训练的行动方案和向导，是促进训练目标实现的行动蓝图，训练计划是否科学有效，对训练实施的成功与否有直接的影响。

（六）实施训练计划

以上几个程序是集中的思辨过程，结束这些程序的工作后，就进入了下一个程序，即实施篮球运动训练计划，这是篮球训练的实施阶段，属于实际操作层次，直观可见。

（七）监察与控制

一旦开始实施篮球运动训练计划，篮球训练就会越来越直观，就会不断出现显性的训练结果。训练结果是否达到了训练计划的预期，训练子目标和总目标是否在一定程度上已经实现，要清楚这些问题，需要严格监察篮球运动训练过程。

监察指的是对比训练结果与计划任务，因为很少情况下实际训练结果会与计划任务完全一致，大部分情况下都会出现偏差，因此监察训练过程十分必要，通过监察及时发现偏差，消灭偏差，所以还要控制运动训练过程。控制指的是对产生"偏差"的原因进行分析，然后设计纠正偏差的有效方法与手段。

监察与控制具有重要的作用，它们是篮球运动训练过程中必不可少的程序。需要注意的是，在篮球运动训练的整个过程中都应该加强对各个子程序的监控，因为每个环节都有可能产生偏差。

（八）训练结果

运动训练的目的是取得良好的训练结果，在一定意义上，训练目标是训练过程的输入，训练结果是训练过程的输出，训练结果可能比训练目标大，也可能小，也有可能相等，训练水平的高低可通过训练结果与训练目标的贴近程度来衡量。

二、篮球运动训练理想训练模式的创新构建

理想的篮球运动训练模式包括以下几个部分。

（一）观念训练

人对事物的态度与看法是由观念所决定的，人的行为又是由人对事物的看法和态度决定的，什么样的态度就会产生什么样的行为结果。人类的成就必然伴随良好的心理状态，如自信、平衡、发展等，而人类的观念系统又会对良好的心理状态产生直接的影响。所以，在篮球运动训练中，要通过观念训练来对运动员进行培养，促进其优秀观念系统的形成，这在篮球运动的理想训练模式中是非常重要的环节之一。

篮球运动员观念训练包括世界观训练、心理素质训练，具体训练内容如下。

1. 潜能无限观念

这一观念训练能够尽可能减少运动员自我观念对其成绩进步的限制。

2. 事在人为观念

这一观念训练能够引导运动员不去过分计较失败带来的负面影响，而将

精力放在接下来的训练上，以积极正面的心理状态去努力改进训练方法。

3. 发展无限观念

这一观念训练能够使运动员始终保持乐观进取的良好心态，从而构建科学的人生成长模式，获得可持续发展。

4. 有果必有因观念

这一观念训练有助于使运动员好奇而又平静地对待世界的现实，勇于接受现实。

（二）体能训练

篮球运动员的体能训练要考虑季节影响，要根据赛程来安排，几乎每天都会涉及体能训练，具体依据运动员的身心状态与运动感觉而定，要统筹安排每日运动量和训练时间，以达到增强体能、提高技术水平的效果。

（三）技术训练

专项运动所需的最优技术具有一定的共性，但并非完全相同，体形或其他未知因素的差异都是客观存在的，对于共性部分，主要训练路径有观摩最优模范资料、借助现代技术分析资料等，对于篮球独特技术，可以通过最优运动感觉训练来培养和提高。

（四）自我保养技能训练

优秀的篮球运动员必须具备自我保养技能，具体内容包括：

第一，身心放松技能。

第二，运动营养补充技能。

第三，运动康复技能。

（五）综合素质训练

篮球运动员的发展应该是全面、均衡的，这是现代社会发展的要求，所以在篮球运动训练中要重视综合素质训练。一般要结合必修基础教育和选修专项教育来培养运动员的综合素质，训练内容除篮球相关技能外，还包括以下内容。

1. 生命常识

包括生理常识、心理常识。

2. 生存常识

包括日常生活技能常识、特殊状态生存常识。

3. 自然常识

包括传统文化和现代科学对自然科学的研究成果。

4. 社会常识

包括传统社会常识和现代社会常识。

第六章　高校篮球运动体能素质的实践训练

充沛的体能是篮球运动员发挥技战术的重要保证，是影响篮球运动员运动水平和篮球运动发展进程的重要因素。本章在阐述体能理论知识和篮球运动体能要求的基础上，对篮球运动基础体能素质训练和篮球运动专项体能素质训练进行研究，以期能为篮球运动体能素质训练提供指导和帮助。

第一节　体能概述及篮球运动体能要求

一、体能概述

（一）不同研究领域对体能的认识

第一，训练学中认为，体能是构成运动员竞技能力的一个组成部分，体能训练和技战术训练、心理训练与智力训练一起构成运动训练的整体，体能训练具备提高运动员竞技能力、提高运动员健康水平、改善运动员身体形态、发展运动员一般运动素质和专项运动素质、防治疾病的作用。由此能够得出，体能的含义包括身体能力、人体机能、身体素质和身体适应能力等。

第二，在运动生理学研究中，体能较多的是指身体能力、生理机能和运动能力，有氧和无氧能力都属于体能的范围。

第三，在体质研究中，体能着重指身体素质与身体适应能力。

（二）不同体能概念和内容的认识

第一，体能可分为竞技体能和健康体能。具体来说，竞技体能是指运动体能，特指运动员为追求在竞技比赛中创造优异运动成绩所需的体能；健康体能是为促进健康、预防疾病和增进日常生活工作效率所需的体能，具体包括心肺耐力适能、肌力适能、肌耐力适能、柔韧性适能、适当的体脂肪百分比。

第二，体能分为大体能和小体能。大体能泛指身体能力，它包括身体运动能力、身体适应能力、身体机能状态和各种身体素质；小体能是指运动训练中的体能训练和体能性项目训练。

第三，体能即体力与专项运动能力的统称。体力包括身体素质与潜力，身体素质特指专项身体素质；专项运动能力是指在对抗或与比赛相似的情境下掌握各种技术的能力。

第四，体能是人体通过先天遗传和后天训练所获得的形态结构、功能与调节方面及其在物质能量储存与转移方面所具有的潜在能力，以及与外界环境结合所表现出来的综合能力。

第五，体能包括人的有形体能和无形体能，前者是指身体能力，后者是指心智能力。身体结构、身体机能和智力意志是组成体能的三个部分。立足于社会生活角度来分析，体能是个体主动适应生活的身体能力、工作能力和抵抗疾病的生存适应能力。

第六，体能是指身体健康方面的状态。人体对环境的良好适应包括对基本生存的适应、对日常生活和基本活动的适应、对生产劳动的适应、对竞技运动的适应。对基本生存的适应、对日常生活和基本活动的适应、对生产劳动的适应是体能的最基本状态，对竞技运动的适应是体能的高级适应。

综上所述，体能是指有机体在先天遗传的基础上，通过后天训练而获得的在形态结构、功能和调节方面及其在物质能量的贮存与转移方面所具有的潜在能力，以及与外界环境相结合所表现出来的综合运动能力。体能大小是由机体形态结构、系统器官的机能水平、能量物质的贮备与基础代谢水平及外界环境等条件决定的，体能的外在表现形式主要是运动素质，在运动时表现为力量、速度、耐力、柔韧和灵敏等各种运动能力。

二、篮球运动体能要求

全面掌握篮球运动的项目特征是大幅度提高篮球运动员体能水平的重要保障。在过去很长一段时间内都将篮球运动界定为单纯的技能类运动项目，这种定位既不符合篮球运动的实际情况，也不利于篮球运动的训练与发展。

篮球运动体能的内容要依据篮球运动的项目特点来选择和设计，要为提高篮球运动员竞技能力的主导因素服务。

（一）提高篮球运动体能的意义

提高篮球运动体能旨在发展篮球运动员的机能潜力和与机能潜力有关的体能要素，突出对运动员各器官和机能系统的超负荷适应训练，以达到挖掘篮球运动员机能潜力，提高其整体运动能力并使其形成顽强意志的目的。

（二）篮球运动体能的组成部分

篮球运动体能主要由专项速度、整体力量、运动耐力及心理机能构成，具体如下。

1. 专项速度

专项速度是篮球运动体能水平最直接的反映，速度是篮球运动的灵魂，是创造战机、实行攻击的前提与条件。篮球运动的速度具有应变性（变向、变速）、节奏性和突然性的专项特点，起动速度及加速跑的速度是篮球运动专项速度的核心。篮球运动员的专项速度主要包括反应速度、起动速度、动作速度、进攻速度、防守速度、防守反击速度和攻防转换速度。篮球运动员的体能必须符合比赛强对抗、高速度（进攻与防守）的要求，如此才能保证技战术的发挥。因此，对于身体直接对抗的篮球运动的体能训练，必须以专项速度为目标安排和设计训练。高水平的专项速度既是体能训练效果的综合反映，又是体能训练效果的检查与评定指标。

2. 整体力量

对于篮球运动员来说，力量素质是其体能建设的重要保障，是其掌握和增强专项对抗能力、专项速度、专项技术的基础。运动员的力量素质对其在比赛过程中进攻与防守中的反应、跑动、加速与拼抢、防守与攻击的有效性都有决定性影响，所以说运动员的运动技能水平和力量素质存在很大联系。此外，力量素质与篮球运动员完成动作时的爆发力和耐力（速度力量耐力）以及实施攻击的威力性和可靠性紧密相关。

3. 运动耐力

运动耐力是指大强度、长时间从事专项活动的能力。决定篮球运动员运动耐力水平的因素是：第一，功能系统的机能能力；第二，在比赛中有效地利用机能潜力的能力；第三，疲劳情况下的心理素质和意志品质。

4. 心理机能和意志品质

心理机能和意志品质是指运动员面临难以忍受的疲劳感时，保持稳定心理状态、促使神经系统充分发挥作用、挖掘和动员机能潜力、完成比赛和训练任务的能力。

对篮球运动员心理机能和意志品质提高幅度产生影响的因素是：运动员运动功能系统机能能力的提高；运动员完成比赛任务的愿望、意志和自我调节控制能力。具体来说，篮球运动员机能能力的提高是基础，愿望是动力，意志是条件，自我调节是方法。在篮球比赛日益激烈的当下，很多情况下篮球运动员都需要在落后和逆境中艰苦对抗，此时运动员良好的心理机能和意志品质往往是取胜的关键因素。

（三）篮球运动体能训练的要求

篮球运动的体能训练是为技战术的运用与发挥服务的。体能训练是手段，提高攻防技战术运用能力和效果是目的。因此，篮球运动的体能训练要具有鲜明的专项特点，体能训练只有与专项技战术有机结合，才能真正达到体能训练的目的，加快训练进程。与此同时，篮球运动员应在体能训练中完善和检验技战术，在技战术训练中发展和巩固体能。体能可以弥补运动技能的欠缺，促进运动技术在篮球比赛中充分发挥，良好的体能水平是运动员在现代高速度、高难度、强对抗的篮球比赛中发挥和运用技战术的前提条件。为此，要根据篮球运动的项目特点、运动员的水平和不同训练阶段的任务，合理安排二者的训练比重，将体能训练与技战术训练有效地结合在一起。

第二节　篮球运动基础体能素质训练

一、篮球运动的力量训练

（一）力量的种类

以运动状态下肌肉战胜阻力的表现形式为划分依据，可以将篮球运动员的力量划分成最大力量、速度力量和力量耐力。最大力量是指肌肉克服最大阻力的能力；速度力量是指运动过程中肌肉在尽可能短的时间内发挥强大力量快速克服阻力的能力；力量耐力是指肌肉长时间克服一定阻力而保持准确有效工作的能力。对于篮球运动来说，发展速度力量和爆发力是力量训练的核心，篮球教练员设计和实施最大力量和力量耐力训练时应当紧紧围绕这项目标。

（二）力量的特点

对于篮球运动员来说，全面发展力量素质是保证完成各项技术动作的基础，它要求运动员的上肢、下肢、腹部和背部肌群均衡发展。在48分钟的比赛中，不管是对运动员的奔跑能力、跳跃能力还是对抗能力都有很高的要求，也就是说，对肌肉速度、肌肉力量和肌肉耐力都有很高的要求。

人体要发挥最大力量和最大爆发力，是各运动环节、各工作肌群间的协调配合与共济用力的综合结果。要让运动员跑得快、跳得高、提高对抗强度，只是训练腿部肌肉或主动肌是不够的，应对影响躯干力量的腰腹肌和背肌以及对抗肌和协同肌进行加强训练，因为这些肌群对篮球运动员的体能与比赛能力都非常重要。

（三）力量训练的要求

篮球运动员要在符合篮球运动特点的前提下进行力量训练。篮球运动员在选择力量训练的练习手段时，要注意肌肉收缩方式和篮球运动相一致。篮球教练员在开展力量训练活动时，应选择与篮球运动技术结构相一致的动作方法，促使篮球运动员的最大力量和快速力量转化为篮球基础力量训练的能力，即跑跳能力和对抗能力。

（四）力量训练的方法

1. 一般力量素质训练方法

（1）头手倒立

头手倒立的主要目的是发展颈部肌肉力量。要求运动员在墙壁前，缓慢屈臂成头手倒立，两手主要起维持平衡的作用，两脚轻轻靠放在墙壁上，以头支撑体重，坚持尽可能长的时间。

（2）背桥练习

背桥练习时，以脚和头着地支撑于地面，采用仰卧或俯卧姿势，腰腹部向上挺起，两手置于胸腹部，使身体反弓成"桥"或腹部向下，以额头（或头顶）和脚趾支撑于地面，臀部上提成"桥"。

（3）双人对抗

两人一组，同伴站在运动员身后，将合适的带子或毛巾围在运动员的前额，同伴一手拉住毛巾两端，一手扶在运动员的肩胛部，肘关节伸展。运动员两脚站稳，上体固定，向前向下低头，对抗同伴向后拉毛巾的力量。牵拉头部的带子或毛巾可以围在运动员头的前、后、左、右不同部位，进而使运动员从不同方向完成对抗练习，最终达到全方位训练运动员颈部肌肉的目的。

（4）仰卧撑

俯卧撑训练主要用于发展肱三头肌、三角肌、背阔肌等的力量素质。训练方法为仰卧，两臂伸直，撑在约 50 厘米高的台上，屈臂，背部贴近高台，然后快速推起两臂伸直，连续做 10～15 次。

（5）俯卧撑

俯卧撑主要是发展肱三头肌、胸大肌、三角肌和前锯肌等肌群的力量素质。训练方法为两手间距稍宽于肩，直臂双手俯卧撑地，两腿伸直，两脚并拢，脚趾撑地。两臂力量提高后，可使两脚位于高台上或在背部负重进行练习。

（6）纵跳

纵跳主要用于发展伸膝和屈足肌群力量及弹跳力。具体训练方法为身穿沙背心，带沙护腿，成半蹲姿势。两脚蹬地起跳，两臂上摆，腿充分蹬伸，头向上顶，缓冲落地手继续做。连续练习 10～15 次。也可悬挂或标出高度目标，以两手触摸标志线或物体进行练习。

（7）蛙跳

蛙跳练习的显著作用是能使篮球运动员的下肢爆发力和协调用力得到发展。具体的训练方法是：运动员身穿沙背心，带沙护腿（也可不负重），全蹲，两脚蹬地，腿蹬直向前上方跳起，腾空后挺胸收腹，快速屈腿前摆，以双脚掌落地后不停顿地连续做 6～10 次。

2. 最大力量训练方法

通过增大肌肉横断面增加肌肉收缩力量和改善肌肉的协调能力；提高神经系统对肌肉工作的指挥能力，让更多运动单位参加工作，是发展篮球运动员最大力量的两个主要训练途径。在运动训练时，应先进行增加肌肉横断面的力量训练，然后进行肌肉内协调能力的训练。

（1）增加肌肉横断面的最大力量训练

此训练方法必须科学确定负荷强度、练习的次数与组数、练习的持续时间及组间休息的时间。训练中一般采用运动员本身 60％～85％的最大极限负重强度，完成一次动作在 4 秒左右，做 5～8 组，每组 4～8 次；组间休息时间一般控制在上一组肌肉练习所产生的疲劳感基本消除后。

（2）提高肌肉协调能力的最大力量训练

这种训练方法一般采用运动员本身 85％以上的最大极限负重强度，完成一次动作在 2 秒左右，做 5～8 组，每组 1～3 次；组间休息时间控制在 3 分钟左右或更长。

（3）静力性训练和等动训练

通常情况下，静力性训练的强度多为大强度和极限强度，每次动作的持续时间是 5～6 秒，练习时间的总和应当控制在 15 分钟之内。等动性训练的运动速度保持不变，肌肉都能在训练过程中发挥出较大力量，训练强度要大，每组练习 4～8 次，做 5～8 组，组间休息时间要充分。

3. 速度力量训练方法

（1）负重训练方法

教练员开展负荷训练活动时要保证负荷强度达到适宜性要求。为兼顾力量和速度的双重发展，多采用运动员本身 40％～80％的最大力量强度；每组练习 5～10 次，做 3～6 组，具体组数以不降低速度为宜；较充分的休息时间，一般为 2～3 分钟。

（2）不负重练习方法

不负重训练主要选择发展下肢速度力量的跳深和跳台阶练习，以及发展上肢和躯干速度力量的快速练习。

4. 力量耐力训练方法

要想使运动员的力量耐力得到有效发展，不但依赖于运动员肌肉力量的发展，而且依赖于运动员血液循环和呼吸系统机能的提高，有氧代谢能力的增强也是不可或缺的。

发展克服较大阻力的力量耐力，可采用运动员本身最大力量 75％～80％

的负荷；而发展克服较小阻力的力量耐力，则最小负荷不能小于运动员本身最大负荷强度的 35％。通常以每组达到极限重复次数来确定练习的组数。如果采用动力性练习，则以完成预定次数、组数为其练习持续时间；如果采用静力性练习，单个动作的练习持续时间则为 10～30 秒。组间休息时间控制在未完全消除疲劳的情况下就可以进行下一组练习。

二、篮球运动的速度训练

（一）速度的种类

将动作过程作为划分依据，可以将篮球运动过程中的速度划分成反应速度、动作速度和移动速度。反应速度就是从外部接受各种刺激到开始动作的时间；动作速度是完成篮球技术动作的速度；移动速度则是篮球运动员在单位时间内的最大位移。

从整体来说，反应速度、动作速度和移动速度之间的联系尤为密切，三者会对运动员技战术的速度和实施产生直接性影响。

（二）速度的特点

篮球的跑与田径的跑有很多不同之处。对于篮球运动员来说，跑动时既要看准同伴，又要观察对手；既有普通的跑步，又有不同形式的滑步；既有向前跑，又有背身跑；既有正向跑，又有侧向跑；等等。各种形式的跑法都对篮球运动的速度训练提出了更高的要求。

篮球运动速度的特点是：第一，连续往返的快速冲刺；第二，身体重心低，反复变速变向；第三，起动速度快，需要较强的加速度能力，长时间变速能力强。因此，篮球运动员在运动状态下不但要具备 ATP-CP 供能能力，而且要具备很强的糖酵解供能能力。

（三）速度训练的要求

篮球运动员速度的起动速度、加速跑速度和速度耐力的训练，是篮球运动速度训练的重要内容。因为篮球场只有 28 米长、15 米宽，换句话说篮球场范围是有限的，所以要清楚地认识到在有限的范围内影响这类速度的主要因素是躯干的固定平衡力量与髋、膝、踝关节的爆发力以及上肢的摆动力量。为此，参与速度训练的篮球运动员需要达到以下几项要求：

第一，维持和增强自身对时空的反应判断能力，使自身的反应起动速度得到大幅度提高。

第二，运动员的快速跑动应与技术动作协调。

第三，运动员应着重发展动作的频率。

第四，速度训练应安排在训练前期进行。

（四）速度训练的方法

篮球运动员的速度训练要与其他手段相结合进行，如与发展最大力量、速度力量和完善动作技术（起动、滑步和急停等）结合起来。速度训练要着重增强运动员在比赛场上的起动和快跑能力、无氧供能能力。

1. 一般速度素质训练方法

（1）压臂固定

坐在长凳上，保持躯干正直，将一侧手臂侧平举放于球上，将球压住。同伴采用60%～75%的力量将球向侧面的各个方面拍，运动员要尽量将球控制住，防止球运动。其目的是发展运动员的肩部和臀部肌群的动作反应速度。

（2）起跑接后蹬跑

以蹲踞式起跑的方式作为准备姿势，当听到开始的口令后，要迅速起跑接着做后蹬跑20米，练习2～3组，每组练习2～3次。参与这项练习的运动员需要达到起跑迅速、后蹬跑技术正确的双重要求。

（3）捆沙腿高抬腿跑

将沙袋分别绑在两腿上，做慢跑练习，当听到口令后，原地做快速高台腿跑练习，持续20秒，也可计数进行。在做这种练习时，高抬腿动作要符合技术要求，大腿要抬到一定的高度。

（4）直膝跳深

首先要准备20～30厘米的低跳箱8～10个，并依次横向排列。在练习的过程中，运动员直膝从跳箱上跳下，再迅速跳上下一个纸箱，在跳上纸箱的过程中要保持直膝。其目的是提高踝关节的紧张程度及踝关节的动作速度，同时提高踝关节的反应力量。运动员练习直膝跳深时，要最大限度地减少接触地面的时间，通过发挥踝关节的作用来以最快的速度完成动作。

2. 反应起动速度训练

篮球运动中的反应起动速度训练主要是结合专项技术动作结构，并与其保持一致的速度练习，训练方法包括：

第一，强化完成专项动作的能力，增加技术动作的信息量，提高人体对技术动作的感知能力，培养运动意识，缩短反应时的潜伏期。

第二，采用起动跑、追逐球、运球起动等练习来缩短各个运动环节耗费的时间，尤其要缩短关键环节的反应时间。

3. 动作速度训练

动作速度训练的关键是使运动员关键技术环节的速度得到大幅度提高，具体的训练方法包括：

第一，对单个动作的关键环节和组合动作的衔接动作进行反复的训练，提高衔接动作的速度，从而缩短完成动作的时间。经常练习的方式有投篮快出手、传球时手指手腕爆发用力。

第二，提高完成动作的频率。可在规定完成的动作次数中缩短完成的时间，或者在规定时间内完成动作的次数，如对墙传球 1 分钟完成 60 次。

4. 移动速度训练

由于运动员的运动频率和技术动作幅度是制约其移动速度的关键因素，因而提高运动频率和运动幅度是篮球运动移动速度训练的主要方法。在保证一定动作幅度的情况下，可以通过技术改进、提高素质、在一定时间内尽量多地完成各种动作次数来达到提高运动员动作频率的目的。与此同时，提高运动幅度的训练主要是对技术动作的改进，提高肌肉的伸展性、肌肉的力量素质以及关节的灵活性，充分利用运动员的身体条件，如中线快速三步跨跳上篮。

三、篮球运动的耐力训练

（一）耐力素质的种类

分类依据不同，耐力素质的种类也会有所不同，具体有以下几种分类形式：

第一，根据运动员供能特征来划分，可将耐力素质分为有氧耐力和无氧耐力。

第二，根据与篮球运动的关系来划分，可以把耐力素质分为一般耐力和专项耐力。

第三，根据运动素质的特征来划分，可以把耐力素质划分成力量耐力、速度耐力、最大力量耐力和快速力量耐力等。

（二）耐力素质的特点

篮球运动的耐力素质以糖酵解为主要供能形式，因此，最大乳酸能和机体耐酸能力是篮球运动耐力训练的主要内容，并以有氧供能为辅助训练。有氧供能的训练是糖酵解供能训练的基础。有氧供能能力越强，篮球运动员在比赛和练习中的恢复能力就越强。但是，必须认识到保证篮球运动员在比赛过程中保持长时间快速运动能力的物质要素还是无氧供能和无氧—有氧混合供能。

（三）耐力训练要求

要想大幅度提高篮球运动员的耐力素质，则耐力训练必须达到以下几项要求：

第一，提高运动员耐力素质的首要任务是使运动员的有氧耐力水平得到大幅度提高。

第二，耐力训练要突出专项耐力的训练。

第三，耐力训练应有长年计划。

第四，准备阶段前期应注重发展运动员的有氧耐力，赛前阶段应着重发展运动员的无氧耐力。

（四）耐力训练的方法

提高运动员的摄氧、输氧和用氧能力，保持适宜糖原和脂肪在体内的储存量以及提高支撑器官对长时间负荷的承受能力是发展篮球运动员一般耐力的主要途径。持续匀速负荷训练和变速负荷训练是发展一般耐力经常采用的方法，负荷强度控制在接近无氧代谢的强度，心率控制在 160 次/分左右。

总体代谢特点是发展篮球运动耐力训练时应特别注意的，通常以提高非乳酸性无氧耐力为主，采用强度在 95% 左右、心率可达 180 次/分的练习方法，重复组数在 5～6 组，重复次数应比组数少一些。

1. 持续负荷法

持续负荷法心率控制在 160 次/分左右，主要以提高有氧代谢水平为目的，常见的训练方法是匀速跑、变速跑、超越跑、折返跑。如长时间安排快攻、防守步法、趣味性活动，又如折线跑、连续跑动 28 米折返、"8"字围绕、连续碰板 100～200 次。

2. 间歇负荷法

有氧和无氧混合代谢是间歇负荷法的供能方式。篮球运动员应采用 50%左右有氧和 50%左右无氧的负荷进行，28 次左右/10 秒为心率上限，在没有完全消除疲劳的情况下再进行下一次练习。

间歇负荷法的训练方法有反复进行 400 米跑、100 米快速跑、100 米放松跑，重复进行 40 秒左右的各种连续跑。例如，3 人直线快攻 3 个或 4 个往返为 1 组完成 5～10 组，两点移动快速投篮投中 10 个为 1 组完成 5 组；再如，连续篮下一打一或者一打二进 10 个球。

3. 重复负荷法

提高运动员无氧代谢水平是教练员选用重复负荷法的主要目的，负荷为最大心率达 28 次以上/10 秒，组间休息时间为 5 分钟，心率下降至 15 次左右/10 秒时再进行下一次的练习。训练方法有：5～10 组 400 米计时跑和不同强度的重复练习；在篮球训练中常有 3 人直线快攻，可安排 1～5 个往返，然后再安排 5～10 个往返，即每组逐步增加往返次数，然后由最大到最小，强度随重复往返的次数而逐渐降低；连续抛接 10 个困难球。

四、篮球运动的灵敏训练

灵敏素质是指人体在各种突然变化的条件下，能够迅速、准确、协调、灵活地完成各种动作的能力。灵敏素质在篮球运动中占据着重要的地位，具备良好的灵敏素质不仅有助于更快、更好、更准确、更协调地掌握各种先进的技术和练习手段，还可以有效地防止伤害事故的发生。一般来说，灵活性主要是由力量、速度、爆发力和协调能力等几种素质结合而成的。在篮球比赛中，快速变换方向，突破对手，以及从一个动作迅速变换为另一个动作等，都需要运动员具有较强的灵敏素质才能完成。从根本上来说，灵敏素质就是经过视觉感受在大脑皮层神经过程的转换，使已形成的各种准确有效的动作动力定型适应突然变化的运动情况。换句话说，篮球运动员的灵敏素质包含快速的反应过程和较准确的运动过程。

篮球运动员参与灵敏素质训练不仅有助于其掌握和运用复杂的技术和战术，也有助于增强其赛场上的应变能力，对运动员篮球运动水平的提高有积极作用。

（一）灵敏素质的种类

以灵敏素质和专项运动之间的关系为划分依据，能够将灵敏素质划分成一般灵敏素质和专项灵敏素质，具体如下。

1．一般灵敏素质

一般灵敏素质是指人在各种活动中，在突然变换的条件下，迅速、合理、准确地完成各种动作的能力。一般灵敏素质是专项灵敏素质得以发展的基础。

2．专项灵敏素质

专项灵敏素质是运动员在专项运动中迅速、准确、协调自如地完成本专项各种技术动作的能力。它是在一般灵敏素质的基础上，多年重复专项技术，提高专项技能的结果。

篮球一般要求躲闪、突然起动、急停、迅速改变身体位置、运球过人、切入、跳起空中投篮、争夺篮板球等方面所表现的灵敏素质。

（二）灵敏素质训练的要求

第一，儿童和青少年应当积极参与灵敏素质训练活动，尤其要着重发展和灵敏素质存在关联的某些专项素质，如速度素质、柔韧素质、协调素质、弹跳素质等，从而为自身的全面发展奠定基础。

第二，对于儿童和青少年来说，不建议过早参与专项化训练，原因在于为发展速度而过早参与大量力量训练会对其灵敏素质的发展产生负面影响。

第三，灵敏素质的负荷强度较大，持续时间不宜过长，练习安排应放在每次课精力最充沛的阶段，避免在身体疲劳和大脑不兴奋状态下安排练习。

第四，经常进行篮球专项的脚步动作练习，提高身体重心的转换能力，从而提高神经过程的转换速度，在神经中枢的参与下使手脚协调配合，完成各种高难度动作。

第五，篮球运动灵敏素质要求特别重视专项灵敏素质的发展，应使运动员参加各种形式的比赛，了解篮球运动技术、战术的时空特征，从而能在复杂的条件下随机应变。

第六，篮球运动员应自觉增加参与弹跳训练的次数，同时设法增强人体在空中的控制能力。

（三）灵敏训练的方法

第一，运动员根据有效口令完成动作。

第二，运动员根据口令完成相反的动作。

第三，原地、行进间或跑步中听口令做动作，如喊数抱团成组。

第四，听信号的各种姿势起跑。

第五，听信号或看手势急跑、急停、转身、变换方向的练习。

第六，做动作或急跑中听信号完成突停动作。

第七，一对一弓箭步牵手互换面向站立，虚实结合互推互拉使对方失去平衡。

第八，一对一面向站立，双手直臂相触，虚实结合相互推，使对方失去平衡。

第九，各种站立平衡，如俯平衡、搬腿平衡、侧平衡等。

第十，在肋木上横跳、上下跳练习。

第十一，用手扶住体操棒，然后松手转身击掌再扶住体操棒使其不倒。

第十二，向上抛球转体 2 周、3 周再接住球。

第十三，闭目原地连续转 5～8 周，然后闭目沿直线走 10 步，再睁眼看自己走的方向是否准确。

第十四，绕障碍曲线转体跑。

第十五，原地跳转 180°、360°、720°落地站稳。

第十六，一对一背向互挽臂蹲跳进、跳转。

第十七，做脚步前后、左右、交叉的快速移动。

第十八，做左右侧滑步、跨跳步的移动。

第十九，做不习惯方向的动作。

五、篮球运动的柔韧训练

（一）柔韧素质的分类

柔韧素质包括一般柔韧素质和专项柔韧素质两种。通常情况下，将能适应各项运动的一般身体、技术训练的柔韧素质称为一般柔韧素质，其具体包括人体各个关节的活动幅度和肌肉、韧带的拉伸性和伸展性。专项柔韧素质是指各专项中所特需的柔韧素质，专项柔韧素质是各专项运动员掌握和提高专项技术的必备素质。

（二）柔韧性的特点

对于篮球运动员来说，其手指、手腕、肩、腰、腿及踝等部位都需要具备很好的柔韧性。篮球运动员柔韧性的解剖学特性与一般人并没有多大差别，主要是受到对抗肌为维持姿势而产生的肌紧张、牵拉性的条件反射而引起的肌肉收缩的限制，以及神经过程兴奋与抑制的协调性，对肌肉的收缩与舒张的影响。因此，篮球运动的柔韧性受到肌肉、韧带、肌腱、关节囊的弹性的影响，与其他运动项目相比要稍差，身材较高大的运动员如果缺少柔韧训练就会更差。

（三）柔韧训练的要求

篮球运动对运动员的灵活性和协调性都提出了很高的要求。因为少年儿童的软组织质量为柔韧性锻炼提供了更有利的发展条件，所以在少儿时期开展柔韧训练活动，以此来提高他们韧带和肌腱的弹性、改善他们关节的灵活性和肌肉的伸展性往往能获得理想成效。

作为一名篮球运动员，应坚持不懈地参与柔韧素质训练，但篮球运动员柔韧素质的重要性常常会被运动员和教练员忽视。在运动员力量、耐力以及身体发育的影响下，其柔韧性往往会伴随年龄的增长而减退。由此可见，篮球运动的柔韧性保持和改善是一个长期艰苦的过程，在每次训练中要坚持拉伸练习，并经常进行专门的柔韧练习课。

（四）柔韧素质训练的方法

篮球运动对运动员的灵活性和协调性具有较高的要求，在青少年时期就进行相应的柔韧素质训练会取得事半功倍的效果。运动员参与篮球专项柔韧素质训练时，肌肉牵拉过程中往往会产生疼痛感，同时只有运动员坚持参与系统性训练才能获得预期效果，所以说柔韧素质训练能够从某种程度上培养运动员的意志力。柔韧素质训练的常见方法如下。

1. 一般柔韧素质训练方法

（1）团身颈拉伸

身体从仰卧姿势开始举腿团身，头后部和肩部支撑身体重心，双手在膝后将腿抱住。呼气，拉动大腿使之靠近胸部，双膝和小腿前部与地面接触。重复练习。在练习过程中，保持 10 秒左右结束该动作。

（2）持哑铃颈拉伸

并拢双脚在地面站立，右手紧握哑铃，肩部下沉。左手经过头顶扶在头的右边。呼气，左手将头部拉向左侧，使头的左侧与左肩紧贴。换方向重复练习。在练习过程中，动作要缓慢，保持 10 秒左右结束该动作。

（3）跪拉胸

运动员在地面做跪立姿势，向前倾斜身体，双臂前臂在高于头部的位置交叉并将双手放在台子上。呼气，头部和胸部尽量向下沉，直到与地面接触。重复练习。在练习过程中，要保持尽量大的动作幅度，保持 10 秒左右结束该动作。

（4）开门拉胸

打开一扇门，双脚前后分开站立在门框内，向外伸展双臂肘关节使之与肩齐平。双臂前臂向上，掌心与墙相对。呼气，前倾身体并对胸部进行拉伸。重复练习。在练习过程中，要保持尽量大的动作幅度，保持 10 秒左右结束该动作。也可以继续提高双臂，对胸下部进行拉伸。

（5）坐椅胸拉伸

运动员在椅子上坐立，双手交叉于头部后方，椅背的高度与胸的中部齐平。吸气，向后移动双臂，向后仰躯干的上部，将胸部拉伸。在练习过程中，动作要缓慢，保持 10 秒左右结束该动作。

（6）直臂开门拉胸

打开一扇门，双脚前后分开站立在门框内，向斜上方伸展双臂使双臂顶在门框和墙壁上。双手掌心与墙相对。呼气，前倾身体并对胸部进行拉伸。重复练习。篮球运动员在参与练习的过程中，应尽全力使动作幅度达到最大，保持 10 秒左右结束该动作。

（7）俯卧背弓

运动员在垫上俯卧，膝部弯曲，脚跟移向髋部。吸气，双手将双踝抓住。收缩臀部肌肉，胸部和双膝提起并与垫子分离。重复练习。在练习过程中，要保持尽量大的动作幅度，保持 10 秒左右结束该动作。

（8）跪立背弓

运动员跪立在垫上，脚尖朝向后面。双手置于臀上部，呈背弓姿势，收缩臀部肌肉送髋。呼气，背弓力度加大，向后仰头，张口，双手慢慢向脚跟滑动。重复练习。在练习过程中，要保持尽量大的动作幅度，保持 10 秒左右结束该动作。

（9）上体俯卧撑起

俯卧在垫子上，双手掌心朝向下，手指向前置于髋的两侧。呼气，双臂将上体撑起，向后仰头，呈背弓姿势。重复练习。在练习过程中，要保持尽量大的动作幅度，保持 10 秒左右结束该动作。

（10）坐立拉背

在垫子上坐立，稍微弯曲双膝，躯干与大腿上部紧贴，双手将腿抱住，肘关节置于膝关节下面。呼气，向前倾斜上体，双臂从大腿上把背向前拉，双脚触地。在练习过程中，要保持尽量大的动作幅度，保持 10 秒左右结束该动作。

（11）站立伸背

并拢双脚站立于地面上，向前倾上体直至平行于地面，双手置于栏杆上，比头部位置稍高。伸直四肢，髋部弯曲。呼气，双手将栏杆抓住将上体下压，背部下凹呈背弓姿势。在练习过程中，要保持尽量大的动作幅度，保持 10 秒左右结束该动作。

（12）倒立屈髋

身体开始是仰卧姿势，然后垂直倒立，将身体重心移到头后部、肩部和上臂，双手置于腰间。呼气，并拢双腿，膝部伸直，双脚缓慢下降并触地。重复练习。在练习过程中，动作结束大约保持 10 秒。

（13）体前屈蹲起

并拢双脚，身体向前倾并下蹲，双手手指朝向前面并置于脚两侧触地。躯干与大腿上部紧贴。最大限度地伸展重复练习。在练习过程中，要保持尽量大的动作幅度，保持 10 秒左右结束该动作。

（14）站立体侧屈

双脚左右分开站立，交叉双手举过头顶将手臂向上伸直。呼气，一侧耳朵与肩部紧贴，最大限度地做体侧屈动作。转变方向重复练习。在练习过程中，要保持尽量大的动作幅度，保持 10 秒左右结束该动作。

（15）助力腰腹侧屈

双脚左右分开站立，一只臂自然下垂于体侧，另一只臂在头上部并使肘部弯曲。同伴用一只手将其髋部固定，另一只手将其弯曲的肘部抓住。呼气，同伴帮助其使手臂下垂在身体一侧并屈上体。换方向重复练习。在练习过程中，要保持尽量大的动作幅度，保持 10 秒左右结束该动作。

2. 篮球拉伸训练法

（1）动力拉伸法

动力拉伸法是指有节奏地重复同一动作练习，可使软组织逐渐被拉长。

（2）静力拉伸法

静力拉伸法是指用缓慢的动作将软组织拉长到一定程度时停止不动从而使软组织受到持续拉长的刺激。

3. 篮球主动练习和被动练习

就动力拉伸法和静力拉伸法而言，其各自又具有主动练习和被动练习两种形式，具体如下。

（1）主动练习

主动练习是指篮球运动员凭借自身力量拉长软组织的练习。主动练习的训练方法包括：

第一，为了使韧带与肌肉达到良好的拉伸效果，需要做各种肢体的摆和振动动作，如踢腿、绕环、推墙等。

第二，做手腕力量练习，使手背肌群放松，并使手背肌群牵拉，如此有助于运动员的小肌群轻力量得到协调发展。

（2）被动练习

被动练习是篮球运动员借助外力拉长软组织的练习。被动练习的训练方法包括：

第一，利用器械的重力悬垂，把重物放在直角压腿的膝关节下，使大腿后群肌肉被动拉长。

第二，利用身体的重力做单杠、双杠、肋木上正反肩关节的悬垂练习。

第三，轻负荷的提拉，下放时对脊柱后群肌有拉长作用。

第四，一人平躺在地上挺直，抬举双腿放在另一人肩上，用臂或肩向前下方推压，进行直角压腿练习。

在提高篮球运动员柔韧素质的训练过程中，教练员往往会把主动练习和被动练习结合在一起运用。韧性练习的强度反映在用力大小和负重多少两个方面。用力或负重均应逐渐加大，但不得超过用力或负重量的 50%，长期中等强度拉力所产生的效果优于短期大强度的作用。在实际的练习中，重复次数因年龄、性别、阶段、关节不同而定，原则上女子比男子少，少年比成年少，保持阶段比发展阶段少。每组做 10～12 次练习，持续时间为 6～16 秒，间歇时间的确定，一般依主观感觉而定。采用静力拉伸时，伸展最大限度时的固定时间在 30 秒左右。

第三节　篮球运动专项体能素质训练

篮球运动专项体能素质具体包括篮球专项力量素质、篮球专项速度素质、篮球专项耐力素质、篮球专项灵敏素质、篮球专项柔韧素质以及篮球专项弹跳素质，提高各个专项素质的训练方法如下。

一、篮球专项力量素质训练方法

（一）篮球专项上肢力量的练习方法
第一，卧推。

第二，负重推举。

第三，两名运动员一组，其中一名侧平举，另一名队员用力压手腕对抗。

第四，弓身负重，伸屈臂提拉杠铃。

第五，负重伸屈臂。

（二）篮球专项下肢力量的练习方法
第一，两名运动员一组，利用体重进行负重半蹲起。

第二，徒手半蹲或背靠墙半蹲。

第三，负重提踵。

第四，深蹲跳。

第五，徒手单腿深蹲起。

（三）篮球专项腰腹力量的练习方法
第一，跳起空中收腹、手打脚、转身、空中传球或空中变化动作上篮。

第二，单、双脚连续左右跳过一定高度。

第三，仰卧举腿，仰卧折体，仰卧挺身。

第四，利用杠铃负重转体、挺身。

(四) 篮球专项核心力量的练习方法

第一，俯姿平撑，俯卧，双臂屈肘90°将身体支撑起，双脚并拢伸直用脚尖撑地，用肢体使腹背部固定。

第二，仰姿桥撑，仰卧，双臂屈肘将身体支撑起，伸直、并拢双脚，用脚撑地。

第三，侧姿臂撑，侧卧，单臂屈肘支撑身体，另一只臂屈肘侧举，双脚伸直、并拢，用一只脚外侧撑地。

(五) 篮球专项爆发力的练习方法

第一，全场连续多级跳。

第二，全场连续蛙跳。

第三，连续快速跳起摸高。

第四，中场三级跳上篮。

第五，负重投篮。

二、篮球专项速度素质训练方法

(一) 不同姿势的起动跑

第一，放松活动时的突然口令起动，全速跑10～20米。

第二，后退跑中的突然口令向前起动跑。

第三，起跳落地，立即起动侧身加速快跑。

第四，站立式或移动中，等待口令的突然起动或加速快跑。

第五，听口令折回跑。

(二) 各种变速跑

第一，匀速跑途中听口令突然冲刺跑。

第二，10米、30米、50米、100米冲刺跑。

第三，根据篮球场的"5线"折回跑。

第四，分组接力冲刺跑。

第五，沿三分线的弧线跑。

第六，移动中听口令的突然转身跑。

第七，冲刺急停循环跑。

三、篮球专项耐力素质训练方法

篮球专项耐力素质训练方法主要包括无氧耐力训练方法、有氧耐力训练方法、混合耐力训练方法，具体如下。

（一）无氧耐力训练方法

第一，连续碰板 100～200 次。

第二，短距离如 30 米、60 米、100 米反复冲刺跑，随着训练水平的提高，每次跑的间歇时间可逐步缩短。

第三，半蹲式原地快速点地跑 1 分钟，可做 4～5 组。

第四，变距快速折返跑。

第五，全场连续防守滑步。

（二）有氧耐力训练方法

第一，中长跑、越野跑、爬山等均可作为有氧耐力的训练方法。

第二，各种跑、跳、防守脚步动作，投、突、传、运等动作组成的全场综合练习。

第三，两名运动员分别站在球场的两个篮下，听信号后先跳起摸篮板（圈）然后做后退跑。

（三）混合耐力训练方法

第一，连续进行长时间的各种攻守技术练习和全场攻守的比赛。

第二，全队人员沿篮球场边线交替排头追逐跑。

第三，全场 10 圈变速跑。

四、篮球专项灵敏素质训练方法

篮球运动员要想使自身的灵敏素质得到大幅度提升，就必须保证和灵敏素质存在关联的反应速度、柔韧性以及爆发力等都有所增强，此外要有效改善肌肉、关节以及韧带的伸展性与弹性，具体训练方法如下。

（一）无球训练方法

无球的训练方法能够有效训练篮球运动员的步法、技术动作、反应、移动速度等，常见的无球训练方法包括：

第一，模仿练习，两人一组各种运球动作的模仿。

第二，脚步综合性练习，即把各种脚步动作组成综合性练习。被篮球教练员广泛应用的练习方法有：左、右移动，见信号起动；向侧大幅度或小步幅快频率交叉跑；攻击步向前、向后快速移动；不规则的碎步向前、后、左、右跑；两点相距 5 米的"8"字跑，也可以结合滑步进行。

第三，模仿练习，两人一组全场进行各种前后踢腿跑，前后同侧手打同侧脚跑，前后交叉手打脚跑。

第四，徒手一对一，互相用手拍对方的肩或脚，或用脚踩对方的脚。

第五，原地快频率碎步移动接各种变化步法练习。深受篮球教练员欢迎的练习方法是：接两腿交叉还原；接两次跳转 180°还原；还原的同时保持原地快频移动；接快速原地前后弓箭步跳两次还原。

第六，两人一组在圆圈线上进行追逐。

（二）有球训练方法

有球训练方法是针对篮球运动员技术动作灵敏性的训练，目的是从根本上提高运动员的灵敏素质，训练方法包括：

第一，双手抛接不同距离的困难球。

第二，在快速奔跑的过程中接地滚球或高抛球上篮。

第三，一对一各种追逐、躲闪练习。另外，运球队员在运球中追打无球队员也是比较常用的，需要注意的是，无球队员可任意跑躲开运球者的追打。

第四，在篮球场内进行足球或自由手球比赛（不限走步）。

五、篮球专项柔韧素质训练方法

第一，两腿前后开立，两脚跟触地做弓箭步向下压腿。

第二，利用器材或队员相互间做压肩、拉肩、转肩背和各种压腿拉腰、背及全身伸展练习。

第三，两臂做不对称大绕环转肩动作，在背后一手从上往下，另一手从下往上，两手在背后做拉伸练习。

第四，两手手指交叉相握，手心向外做压指和压腕动作，向下、前、上、两侧充分伸展手臂。

第五，左右弓箭步练习，手放在脚上，连续左、右弓箭步练习。

第六，两腿交叉直立，上体前屈手摸脚或地面。

第七，在地板上做"跨栏步"拉压腿、胯。

六、篮球专项弹跳素质训练方法

弹跳素质是篮球运动员的一项重要的身体素质，具有良好的弹跳素质不仅能够增强篮球运动员攻防的范围，而且在篮板球的拼抢以及复杂技术动作的掌握等方面均具有重要的意义。因为弹跳素质是综合素质中的一种，所以篮球教练员在组织和安排训练时应有目的地训练运动员的力量、速度以及协调性。

在篮球运动员的体能素质训练中，弹跳素质训练具有十分重要的作用，弹跳素质训练的关键是在综合专项特点的基础上提高运动员的起跳技术。只有篮球运动员参与大量接近篮球比赛实际情况的跳跃训练，同时各项起跳技术得到大幅度提高后，才有可能在赛场上发挥出弹跳的最好效果。

（一）大腿和腹背肌肉爆发力训练

对于篮球运动来说，弹跳力素质训练的重中之重是使运动员腿部和腹背肌群的爆发力得到有效发展，这有助于篮球运动员在运动过程中由水平位移迅速转向向上的加速度。

（二）提高踝关节弹跳训练

篮球运动中对踝关节具有较高的要求，踝关节训练是为了加强踝关节的着地缓冲，并且在瞬间发挥最大的力量能力。在训练时，一般采用大强度、多组数的训练方法，强化人体 ATP-CP 供能系统的功能。

（三）改善协调能力的训练

肌肉力量训练是弹跳素质的基础，而神经系统对肌肉的协调和控制能力则是其重要保证。肌肉的内部协调性和各肌群之间的协调性在一定程度上影响着最大力量和速度力量。

第七章　高校篮球运动游戏实践训练

在现代篮球教学中，游戏教学法的使用已经较为普遍了。之所以这种教学方法受到广大教师与学生的青睐，主要与其具备的娱乐性、休闲性和教学性等特点有关。因此，为了组织好篮球游戏教学，就需要对其理论进行分析，并且还要掌握教学组织与管理的方法。

第一节　篮球游戏的基本理论

一、篮球游戏的概念

篮球游戏是指以篮球和篮球场为主要道具和场所，有特定目标和任务并在一定规则制约下组织的篮球教学活动形式。

篮球游戏具有形式多样、组织便捷、轻松愉快的特点。此外，它还带有一定的竞争元素，可以分出游戏的胜负，这无疑与篮球运动的竞技本质相吻合。由此可见，篮球游戏教学对发展运动者的全面篮球技能有一定的帮助。不仅如此，它还是培养运动者良好篮球手感以及准备活动或放松活动的好选择。

通常篮球游戏的开展为团队进行，一般不少于两人。除了能在篮球技能领域有所帮助外，它还能培养参与者的集体主义精神、勇敢顽强的斗志、细致的洞察力以及复杂的篮球意识的养成。这些"软、硬件"能力都会对运动者篮球能力的提升带来帮助。

二、篮球游戏的特点

篮球游戏实际上是将游戏的方式与篮球运动的相关技能相结合。因此，它融合了游戏与运动学练的诸多特点。除此之外，篮球游戏还具有一些专属于它自身的特点。

（一）目的性

篮球游戏在进行过程中会让参与者感到快乐和放松，由此可能会忽视篮球游戏的目的性特点。实际上，篮球的组织是带有十足目的性的，它并非单纯的游戏活动，而是在游戏中包含训练或教学的成分。因此，对篮球游戏可以根据技术的不同而进行分类，如投篮类游戏、运球类游戏等。

当然，篮球游戏还有一种目的，那就是充当运动负荷的调节环节，如经常会将篮球游戏作为准备活动和放松活动的内容，以及在进行了大运动量训练后，安排一些篮球游戏以调整球员的体能状态。

（二）趣味性

既然是游戏，就必定具有趣味性的特点。运动者之所以喜欢参与篮球游戏，与此特点有很大关系。在篮球游戏中，人们能放松身心，充分感受篮球带来的快乐，对紧张严肃的训练环节是一种非常好的氛围调节。

游戏的过程千差万别，每次游戏都有不同的情况发生，这种随机和偶然更加使游戏充满乐趣，大大满足了人们情绪、情感上的需求，产生愉快的情绪体验。

（三）灵活性

篮球游戏的灵活性体现在游戏的组织、场地、器材等方面。鉴于这种灵活性，使得篮球游戏在任何情况的篮球教学中都拥有良好的适应性。篮球游戏灵活性的具体表现包括：

第一，既然是游戏，其规则就没有篮球运动规则那样严苛。但游戏也有游戏的规则，只是游戏规则要更加简明扼要、简单可行，具有十足的可操作性。篮球游戏的规则可根据篮球游戏的目的，对活动的路线作不同限制，从而产生不同的游戏效果。

第二，篮球游戏中的动作，可以根据参加者的具体情况和不同要求作相应变化，可以是正常的跑、跳、投；也可以是变异的各种跑、跳、投；可以提出严格的动作规范，也可以淡化动作规范等。

第三，篮球游戏中的场地设置与游戏路线都可以根据不同需要做出变动，如运球跑的路线既可以是直线，也可以是绕桩的曲线以及折返等。

（四）竞争性

既然作为游戏，就一定也有胜负之分，这就是篮球游戏的竞争性特点。篮球游戏中的竞争性可以在体能、技能与智力三方面中得到体现，或是比拼团队的协作能力或应变能力等。除此之外，篮球游戏还可以使弱者有机会成为获胜的一方，这也给实力强的一方提出新的挑战，必须充分创新思维，积极思考游戏规则，把握游戏的本质，取得胜利。而这些应变思维正是篮球运动中所需要的。因此，篮球游戏不仅能提高参与者的活动能力，还能培养创造性思维。

三、篮球游戏的训练任务与要求

（一）篮球游戏的训练任务

篮球游戏不仅作为一项游戏在准备活动和放松活动之中出现，它更作为一种训练方式存在。既然作为一种训练方式，就必定有它的训练任务，这些任务主要包括：

第一，培养球员对篮球运动的兴趣以及对篮球魅力的探寻。

第二，培养对篮球运动的正确感知觉。

第三，使球员的身体状态调整到运动模式下。

第四，缓解运动性疲劳。

第五，提升球员的感觉器官和机能的敏感性、稳定性与思维能力。

（二）篮球游戏的训练要求

篮球游戏在学校篮球教学和专业篮球训练中已经得到了较为普遍的应用，要想将其开展的效果展现出来，在应用过程中还应注意以下几方面的要求。

1. 满足篮球教学训练的需要

在制订篮球游戏教学计划时，要考虑到游戏内容和方式之于球员的适应性。所谓的适应性主要是考虑到球员的年龄、经历的篮球训练年份、身心状态等。与此同时，还不能忽视篮球游戏对篮球训练的辅助作用，使游戏紧密配合篮球教学的任务。一般来说，篮球游戏的设计难度不应超过正规的篮球教学内容，否则容易分散球员的学习注意力，对正式教学内容的教学效果的获得产生负面影响。

2. 提高球员思维能力水平

篮球游戏的过程变化莫测，每次游戏都是不一样的。为此，要想获得游戏的胜利就需要在过程中勤于思考、发散思维、提高认识能力。篮球教练在游戏开展的过程中需要引导球员做到这点，激励他们多动脑，给予他们对篮球运动的启发，如此就会使球员在参加游戏的过程中逐渐获得阅读比赛和判断局势的能力。

3. 加强球员的思想品德教育

篮球运动是一项团队项目，这就决定了每个人在队伍中都要做好自己的职责，为团队的胜利奉献自己的技战术特点，甚至在必要时要做出一定的牺牲。因此，篮球运动对球员的思想品德可以起到很好的教育作用，特别是能够培养球员养成坚韧不拔、努力争胜、团队至上等品质。

在篮球游戏中，几乎很多情形都与篮球比赛类似，很多游戏也需要团队默契配合才能取胜。由此球员在游戏中就可以逐渐培养彼此之间的了解与默契，加强集体观念。教练在篮球游戏教学中要注重对球员思想意识上的引导，要成为球员的良师益友，平等对待每名球员，做好高尚思想品德的榜样。

第二节　篮球游戏的组织与管理方法

一、篮球游戏的组织

（一）导学

导学环节通常是篮球游戏组织的第一环节。其目的在于通过教练的讲解，使球员了解即将开始的篮球游戏的开展目的和预期的效果。在导学环节中，为了更加直观地向球员展示游戏过程和方法，教练员除了语言讲授外，还可以亲自示范，并且为了使讲解更加富有启发性，还可以在游戏开始之前对球员提问，让他们带着有针对性的问题参与游戏。

（二）教练员讲解、示范

教练员对篮球游戏的讲解与示范的主要内容包括游戏的名称、开展方法、游戏规则、奖惩规定等。这一过程中应该注意讲解的语言到位、声音洪亮，对球员提出的问题耐心解答。示范时要注意师生之间的相对位置关系，以确保每名球员都能清晰地看到示范。

（三）游戏活动组织

当球员了解了篮球游戏的具体内容和方法规则之后，进行分组练习，开展游戏，教练员对球员在游戏中的表现做出及时地点评，并注意在游戏过程中保障球员的安全。

（四）游戏总结

多角度、多层面地对篮球游戏教学进行总结。为此，教练员需要在游戏过程中特别观察每名球员的表现，获得来自球员的游戏体验反馈信息，以此作为改进篮球游戏的依据。

二、篮球游戏的管理

（一）篮球游戏环境的管理

1. 环境安静，不影响上课

篮球游戏环境的管理包括对篮球场地内部的管理和对场地周围的管理。在篮球场地内组织游戏，要确保无关人员不得在场地逗留和观望，以免分散球员的注意力。

2. 环境优雅，卫生整洁

篮球游戏的教学环境应与正常篮球教学一致，所使用的场地也要保持干净整洁，游戏中使用的特殊器材也应如此。

（二）篮球游戏场地的管理

篮球运动场地的材质常见的有木地板和橡胶垫。在这两种材质的场地中开展篮球游戏需要注意以下几点：

第一，场地内的固定器材未经特别允许，不得擅自移动。

第二，禁止在场地内进食。

第三，严禁在场内泼水、吸烟、吐痰、便溺。

第四，严禁在场内放置与篮球游戏无关的重物，对于在场内布置游戏场景，应采用抬起的方式移动，禁止拖拉物体。

（三）篮球游戏器材管理

第一，篮球运动器材主要有场地设施和运动器材构成。场地应保持地面平整、整洁，篮球架要确保稳固，球筐与篮板要确保结实，无多余的框量活动。

第二，在教学过程中要培养球员爱护器材的意识，教学训练结束后组织球员收回器材。器材室管理人员要在收纳器材后进行点验，确保与借出内容和数量完全一致后予以记录，对于出现坏损的器材更要做出特别登记。

（四）篮球游戏安全管理

篮球游戏强度较小且具有较多的娱乐性，因此往往容易使参与者忽视对安全方面的管理。由于参与游戏时球员往往处于冷身状态，而此时如果不对安全给予重视，也仍旧会有运动性损伤发生的概率。

第一，在组织篮球游戏教学时要做到周密与严谨。组织方式严谨可以有效避免球员在游戏过程中发生意外事故。

第二，如不幸发生意外事故，教练应首先做出应急处理，并留意事故发生的相关信息，如事故发生的时间、地点、大体经过、后续处理情况等。

第三，如果出现意外事故，对于伤势较轻者，应进行相应处理后观察情况，并送往医务室进行进一步检查。

第四，如果出现意外事故，对于伤势较重者，应第一时间进行正确的处理，然后立刻送往医院接受进一步治疗，并力争在第一时间通知伤者家属及上报上级部门。

第三节　常见的篮球游戏

一、传接球类游戏

传、接球是篮球运动的重要进攻技术。只有全面熟练地掌握传接球技术，才能使全队成为一个整体，充分发挥集体的力量，进而争得比赛的主动权。

传接球技术是与篮球运动同时出现的最早技术之一，经过一百多年的发展，其动作方式、种类之多可列篮球运动技术之首，大体上可包括五大类四十多种。但无论是哪一种方式，传球的动作过程都是由传球动作方法、球的飞行路线、球的落点三者所组成；接球则是由准备接球、接球、接球后的动作三个环节所组成。传接球的技术运用效果的好坏，主要表现在激烈对抗中能否及时、快速、隐蔽地传球到位，能否及时摆脱防守接到球并保护好球并迅速衔接下一进攻动作。要做到这一点，关键在于传球时前臂、手腕、手指的力量和动作的技巧，接球时上步卡位，伸手迎球动作和接球后迅速保护球，及时衔接下一进攻动作的强烈意识。此外，还涉及视野的扩大，意图的隐蔽以及能否与运球、突破、投篮等其他技术动作紧密结合等不可忽视的因素。

传接球技术掌握及其运用的水平高低，不仅直接影响球队的战术质量和比赛胜负，更重要的是反映了球队队员的球场作风、篮球意识、整体观念以及协作精神。因此，教练员在进行教学训练时，明确要求球队队员不断提高传接球技术及其运用质量，做到"能传决不运"，而这也是组织传接球游戏所要达到的根本目的。

（一）"两人传两球"游戏

第一，"两人传两球"游戏的目的：使球员熟练各种传接球技术，提高手对球的控制能力。

第二，"两人传两球"游戏的场地器材：篮球场1个或平整的空地1块，每人1个篮球。

第三，"两人传两球"游戏的方法：球员两人一组，各手持一个篮球相对而立，两人同时依规定的传球方式把球传给对方，双方在传球出手的同时即准备接住对方的来球，直至规定的时间，计算各组连续传球的次数，次数多者为胜。

第四，"两人传两球"游戏的规则：①传接球次数计算是从其中一个开始，以"一传一接"为一次。②传接球失误时，前所计的次数不算，重新开始重头再计。

第五，"两人传两球"游戏的建议：可根据球员的传接球掌握情况决定传球方式。①一人传双手头上传球，另一人传双手胸前传球。②两人都用双手胸前传球。③一人用双手胸前传球，另一人用双手反弹传球。④两人都用单手体侧传球，或单手低手传球，或原地推拨传球，或单手体侧传球。

（二）"两人传三球"游戏

第一，"两人传三球"游戏的目的：提高球员的快速反应和手对球的控制能力。

第二，"两人传三球"游戏的场地器材：篮球场1个，每两人3个篮球。

第三，"两人传三球"游戏的方法：把球员分为两人一组，相距4～5米，面对面站立。两人用三个球做原地的单手体侧传接球，要让球不停运转直到规定时间到，累加其传球次数，次数多的组为胜。

第四，"两人传三球"游戏的规则：①计算传球次数以开始手持两球的队员传球次数为准。②三个球要始终保持运转，不能有明显停顿。③传球失误时从失误处继续累加下去。

第五，"两人传三球"游戏的建议：①此游戏适用于有一定技术水平的运动员进行；传接球技术动作尚未规范时不宜采用。②可根据球的数量，几个组同时开始或一个一个组进行。

（三）"三人传四球"游戏

第一，"三人传四球"游戏的目的：强化传球出手速度，并要有余光观察的能力。

第二，"三人传四球"游戏的场地器材：篮球场1个，篮球若干个。

第三，"三人传四球"游戏的方法：队员按三人一组组成三角形分散站于场内，彼此相距5米，一人拿两个球，另两人各拿一球。游戏开始，按逆时针方向拿两球的人先传出一球，并立即传出第二个球。同时，第二和第三个人分别传出手中球，三人都要传球一出手立即接同伴的传球并迅速再传球出手。如此使四个球在三人手中不停传接，在规定时间内传接失误少者为胜。

第四，"三人传四球"游戏的规则：按竞赛规则进行。

（四）"对墙传球"游戏

第一，"对墙传球"游戏的目的：提高传球的速度和准确性。

第二，"对墙传球"游戏的场地器材：平整的墙面，篮球若干个。

第三，"对墙传球"游戏的方法：在离墙4米左右画一标志线，队员呈连横排站立在标志线后，前排持球。墙上画出一边长为30厘米的正方形，游戏开始，每人用事先规定的传球方法连续对墙传球，每人传球20～30次，如传在方块内算得1分。在规定的传球次数中看谁传在方块的球最多，多的为胜，站在后排的队员担任裁判，数出传准的次数。做完后，前后排交换，游戏继续开始。

第四，"对墙传球"游戏的规则：脚不许踩标志线。

第五，"对墙传球"游戏的建议：传球的距离可根据实际情况而调整，传球方式可改变。

（五）"传球脱险"游戏

第一，"传球脱险"游戏的目的：培养灵敏素质，提高传球速度。

第二，"传球脱险"游戏的场地器材：篮球若干个。

第三，"传球脱险"游戏的方法：把全班球员按 8～10 人进行分组，每组手拉手面向里围成一个圆圈，并选一人站在圈外。游戏开始，圆圈上人互相做传球练习。圈外人则随球移动，看准时机，在某一人接到球但还未传出之前，用手击他肩膀，击倒后两人交换位置，游戏继续进行，圈上人应尽量快速地将球传出去，使球在手中停留的时间极短，以防被圈外人击倒。

第四，"传球脱险"游戏的规则：①传球失误、球脱手落地均为犯规，应与圈外人交换。②圈外人必须击倒球正在手中者才算有效，在球已出手或尚未接到球时击拍无效。

第五，"传球脱险"游戏的建议：可增加圈外人数，也可增加篮球数。

（六）"转身传球"游戏

第一，"转身传球"游戏的目的：培养灵敏素质，提高传球能力和脚步移动的协调性。

第二，"转身传球"游戏的场地器材：在场地上画长 20～30 米，宽 5～8 米的长方形若干个。

第三，"转身传球"游戏的方法：游戏者每三人一组，一块长方形场地。游戏开始，甲乙两人先在两端掷地滚球，丙在场内接球。先由甲掷，丙跑上接球后，转身传给乙，并就地做好接球准备，乙接球后又掷出地滚球，丙跑上接球传给甲，连续做 10～20 次后，轮换练习。

第四，"转身传球"游戏的规则：①掷出的地滚球可在长方形内任意位置。②接球人应跑上接地滚球，转身传出的球要准确，若传球失误则受罚。

第五，"转身传球"游戏的建议：根据对象和天气状况掌握运动量。

（七）"坐地传接球比赛"游戏

第一，"坐地传接球比赛"游戏的目的：帮助球员熟练双手传接球技术，发展其上肢力量。

第二，"坐地传接球比赛"游戏的场地器材：篮球场 1 个或平整的空地 1 块，两人 1 个篮球。

第三，"坐地传接球比赛"游戏的方法：球员两人一组手持一球，相对伸直腿坐于地上，两人的双脚脚掌相抵。游戏开始，两人以规定传、接球方式坐在地上连续对传，直到传完规定的次数，先传完的组为胜。

第四，"坐地传接球比赛"游戏的规则：①次数的计算以其中一人"一传一接"为一次计。②传接球失误，重新开始，以前所传次数累计。③在整个传球过程中，两人必须始终伸直腿坐地上，否则犯规，判其重新坐好后再从头计算次数，在此前的次数取消。

第五，"坐地传接球比赛"游戏的建议：①可改为仰卧起坐传球比赛。②可改为先计算个人成绩，再计算全队成绩的方法。③可改为在规定时间内计算各组累加次数的方法，累加次数多的组为胜。④可以双手传、接球方式（如双手胸前传球、双手头上传球等）为规定方式。

（八）"交叉步对传比多"游戏

第一，"交叉步对传比多"游戏的目的：球员在快速移动中熟练双手胸前传接球技术，提高移动中传接球时的手脚协调性。

第二，"交叉步对传比多"游戏的场地器材：篮球场 1 个，两人 1 个篮球。

第三，"交叉步对传比多"游戏的方法：两脚左右开立与肩同宽，向右交叉时，左脚经提前跨步落右脚的右侧，同时右脚向右迈一步成原姿势站立；向左交叉步的动作相同，方向相反。游戏开始，甲、乙两人约定甲持球原地不动，乙先做交叉步移动。乙向右做交叉一步移动时，在他的右脚落地的同时，甲传出的球到乙的手中，在原地把球传回给甲，同时做向左的交叉步移动；在他的左脚落地的同时，甲传出的球到乙的手中，乙再次把球传回给甲。如此循环下去，在规定的时间内比赛交叉步传接球次数的多少，多者为胜。传球方法以双手胸前传接球的方式为宜。

第四，"交叉步对传比多"游戏的规则：①必须按规定步法和传、接球方法进行比赛，否则无效。②计算次数以移动者的一传一接为一次计算。③传接球失误，从失误处重新再计算。

第五，"交叉步对传比多"游戏的建议：①可改为规定传接球次数，先完成的为胜。②可改为以先计算全队中个人（或组）胜负次数，胜者得 1 分，然后把个人（或组）的得分累加，得分多的队名次列前。

二、运球类游戏

在篮球技术中，运球是最基本的技术之一，也是篮球比赛中运用时间最长的技术。因此要想打好篮球，必须很好地掌握篮球的基本技术。然而在实际教学中如果按部就班地进行运球技术教学，有的球员就会因为运球的枯燥而降低对篮球的兴趣。而有的球员则因运球没学好就急着想打比赛，导致活动效果很差。在教学中适当使用运球游戏进行教学，可以使球员产生浓厚的兴趣，从而获得更好的教学效果。

通过游戏形式进行运球和持球突破技术的教学训练，其目的是让球员在游戏中掌握运球和突破的基本技术，培养其勇猛、顽强、果断的作风，提高其运用运球和突破技术的意识，使他们学会判断和掌握运球或突破时机，扩大视野，在提高个人实力的同时，提高球队的整体实力。

（一）"对抗出局"游戏

第一，"对抗出局"的游戏的目的：提高球员对抗时的运球能力。

第二，"对抗出局"的场地器材：依人数的多少在场地内画几个与中圈等大的圆，篮球若干个。

第三，"对抗出局"的方法：依队员的对抗能力分为每两人一组，在一圆圈内各运一球，游戏开始，在控制好自己的球的情况下，两队员用肩膀互相挤推，力争把对方挤出圆圈，在规定的时间内，将对方挤出圆圈次数多的同学为胜，另一人受罚。

第四，"对抗出局"的规则：①只能用肩膀挤推，不能用手。②对抗过程中，若队员运球失控，判出圆圈一次。

第五，"对抗出局"的建议：分组时要遵循能力均等的原则。

（二）"运球攻守"游戏

第一，"运球攻守"游戏的目的：培养球员抬头运球习惯，培养灵敏素质。

第二，"运球攻守"游戏的场地器材：篮球场 1 个，篮球若干个，粉笔。

第三，"运球攻守"游戏的方法：把队员分成人数相等的 3～4 组，各组首尾相接站成半个球场大小的圆，面对圆心。游戏开始，各组排头两名或三名球员在圈内各一手持球，一手拿粉笔头，听教练员哨音在圈内任一点开始运球，每个球员力争在运球的同时在另一球员背部画一痕迹。游戏者只攻不守。背部出现痕迹者退出游戏。第一退出者得 1 分，第二退出者得 2 分，以此类推，只剩一人时游戏结束，该球员为优胜者，得分最高。一轮结束计算各组得分后按次序进行下一轮。每人进行一次后，累计各组得分，按总分多少排出各组名次。

第四，"运球攻守"游戏的规则：运球不得出圈，只准在运球的同时进攻，画在背部有效。

第五，"运球攻守"游戏的建议：此游戏能提高球员变向、变速运球及用手感控制削球的能力，可在半场内进行。

（三）"穿越丛林"游戏

第一，"穿越丛林"游戏的目的：巩固球员已学的各种运球突破技术，提高在快速运球中的控球能力。

第二，"穿越丛林"游戏的场地器材：篮球场 1 个，篮球若干个。

第三，"穿越丛林"游戏的方法：把球员分为人数相等的几组，每组五人左右为宜，前后间隔约 1.5 米，每组排头持球面向本组队员。游戏开始，各组持球队员用跳步急停后交叉步突破的方式依次突破本组队员，到队尾后用地滚球方式把球传到排头，自己与前一位同学间隔 1.5 米站立，以此类推，各组同学轮一遍，先做完的组为胜。

第四，"穿越丛林"游戏的规则：突破时走步的同学判重做。

第五，"穿越丛林"游戏的建议：突破方式可改为急停后同侧步突破、运球后转身突破、提前变向突破等。

（四）"持球突破投篮"游戏

第一，"持球突破投篮"游戏的目的：提高球员突破和投篮动作的衔接能力。

第二，"持球突破投篮"游戏的场地器材：篮球场 1 个，篮球 2 个，标志杆 2 个。

第三，"持球突破投篮"游戏的方法：在两个半球 45°的三分线上各放一个标志杆，标志杆前 1 米处画一横线，把球员分为人数相等的两组成纵队站于标志杆后，各组排头持球。游戏开始，排头做交叉步突破至横线跳起投篮，投中后（不中要补中）自己抢篮板球传给本组第二位同学，以此类推，先做完的组为胜。

第四，"持球突破投篮"游戏的规则：必须使用规定的突破动作。

（五）"运球相互拍打"游戏

第一，"运球相互拍打"游戏的目的：帮助球员熟悉球性，提高控制支配和保护球能力。

第二，"运球相互拍打"游戏的场地器材：篮球场1个，每人1个篮球。

第三，"运球相互拍打"游戏的方法：全体球员人手一球分散于半场（或三分线以内）内，自己运球并随时伸手拍打周围同伴的球，同时注意保护好自己的球不被别的同伴拍打。凡拍打到同伴球的球员得一分，持续3～5分钟后统计个人得分，分数多者获胜。

第四，"运球相互拍打"游戏的规则：①只准在规定区域内相互拍打，否则算自动退出比赛。②拍打到同伴的球一次得1分，被同伴拍打到一次失1分；统计时把得分减去失分即为个人得分。

第五，"运球相互拍打"游戏的建议：①可进行几个3～5分钟，以提高游戏难度。②可在计算个人得分同时计算全队得分，全队得分高者获胜。③可用每局淘汰最后三或五个得分最低的队员的方法，以增加游戏的竞争性。

（六）"救球"游戏

第一，"救球"游戏的目的：发展球员手指、手腕按球的能力。

第二，"救球"游戏的场地器材：篮球场1个，每人1个篮球。

第三，"救球"游戏的方法：把球员分成人数相等的两队成横排相对而立，每人面前放一个篮球。游戏开始，两排球员同时下蹲用最快速度把放在地上的"死"球拍"活"，成原地高球姿势站立，在规定时间内站起来的人数多的队为胜。

第四，"救球"游戏的规则：①只能用手、手腕的力量快速拍按球，使球变"活"，不得把球拿起来。②同队队员间已把球拍"活"的队员不得去帮未把球拍"活"的同伴把球拍"活"。③不得以任何方式干扰对方拍"活"球。④违反上述规定者为犯规，凡犯规者罚其把球连续拍"活"三次后才计成绩。

第五，"救球"游戏的建议：如果参加游戏的人数多或无法做到每人一个篮球，可把参加游戏的人分成若干个小组，每个组的人数与现有的球数相同，采用淘汰的方法进行对抗。

（七）"运球追逐"游戏

第一，"运球追逐"游戏的目的：提高球员行进间运球技术，发展其运球的手、脚、眼的协调能力。

第二，"运球追逐"游戏的场地器材：篮球场1个，每人1个篮球。

第三，"运球追逐"游戏的方法：球员甲、乙两人一组各运一球分散于球场内任意跑动，规定教练员吹一声长哨为甲追乙，两声短哨为乙追甲。游戏开始，随着教练员哨声的变换，甲、乙两人在场内反复进行追逐与反追逐。追到对方并用手轻拍对方后背得1分，在规定时间内得分多者为胜。

第四，"运球追逐规则"游戏的规则：①只有运着球追到对方并拍到对方背后才得分，若追到对方时运球失误，或拍到对方身体其他部位无效。②双方在运球时要随时注意躲闪其他人的运球，以免发生碰撞，当发生碰撞被对方击拍到，则算有效。

第五，"运球追逐"游戏的建议：①可改为个人得分基础上计算全队得分，得分高的队为胜。②如参加的人数多，可分为几队轮流进行。

三、投篮类游戏

投篮是篮球运动最重要的基本技术，是最主要的得分手段，是决定篮球比赛胜负的关键因素。投篮与防投篮构成了篮球比赛中攻防矛盾的焦点。因此，正确掌握和熟练运用投篮技术，不断提高投篮命中率，对于夺取比赛胜利具有重要意义。

投篮是与篮球运动同时出现的技术，它始终随着现代篮球运动的发展而发展。当前投篮技术的发展趋势和特点具体表现为：投篮难度、命中率越来越高；投篮的攻击性、突然性、技巧性越来越强；投篮的动作方式及其变化越来越多；投篮的动作越来越趋向早（举球早）、高（出球点高）、快（出手快和突然）。因此投篮时要做到快、高、准、变就成为现代篮球比赛对投篮队员最基本的要求。

投篮的方式种类很多，但无论何种方式的投篮，其动作结构都包括准备、出手、结束三个阶段；包括持球动作、出手动作、瞄篮方法、球的飞行弧线、球的旋转五个要素。无论是结构还是要素，投篮出手都是影响投篮命中率的关键环节。为此，在投篮的教学训练中，严格要求队员规范地完成投篮动作的全过程，学会合理地控制、支配、调整动作各环节的力量、方向、速度、角度，以保证投篮出手的连贯性、协调性和整体用力性。组织投篮游戏的出发点和归宿也不外如此。

（一）"罚球比赛"游戏

第一，"罚球比赛"游戏的目的：提高球员原地投篮技术动作的质量和命中率。

第二，"罚球比赛"游戏的场地器材：篮球场 1 个，篮球 2 个。

第三，"罚球比赛"游戏的方法：把球员分成人数相等的两队，两队面向球篮成纵队站立于罚球线后，排头各手持一个篮球。游戏开始，各队从排头开始依次罚球（可规定或不规定投篮方式），无论投中与否都由投篮队员自己去抢篮板球传给下一个队员，如此循环下去，直到以下几种情况结束：①全队每人投篮出手一次，累计投中个数，投中个数多的队为胜。②规定时间到，累计投中个数，投中个数多的队为胜。③完成规定的投中个数，先完成的队为胜。

第四，"罚球比赛"游戏的规则：按篮球比赛的罚球规则执行。

（二）"阻力投篮"游戏

第一，"阻力投篮"游戏的目的：提高球员快速移动能力和投篮能力。

第二，"阻力投篮"游戏的场地器材：篮架 1 副，弹性绳 1 根，篮球若干个。

第三，"阻力投篮"游戏的方法：把球员按两人一组分成若干组，第一组一名队员身上用弹性绳绑好，另一端固定，另一队员站在规定的区域内准备传球。开始的信号发出后，投篮的队员快速向前跑动，按同伴的传球投篮，每投一次，必须迅速后退，用手触固定点，然后再向前跑动接同伴的传球投篮，依此类推，直至规定的时间到，记录进球数，各组做完后，以投进球多的组为胜。

第四，"阻力投篮"游戏的规则：①每人投篮时间为 30 秒，两人共 1 分钟。②投篮姿势不限。

第五，"阻力投篮"游戏的建议：可限制接球区域和投篮姿势。

（三）"攻守投篮"游戏

第一，"攻守投篮"游戏的目的：提高球员的灵敏性和应变能力，培养对抗意识和配合意识。

第二，"攻守投篮"游戏场地器材：篮球场 1 块，篮球 2 个。

第三，"攻守投篮"游戏的方法：将球员分为人数相等的两队，每队 6～8 人。双方各有一名队员手持球站在本方半场的端线外准备发球。游戏开始，当教练员鸣哨后，各自发球开始比赛，两队同时在场上传球、运球、突破。力求将球投入对方篮内得分；同时又要设法阻截和防止对方将球投进本方篮内，并积极抢断对方的球，组织反攻，力争将其攻入对方篮内，规定时间内，以进球多者为胜。

第四，"攻守投篮"游戏的规则：比赛中出现犯规、违例、传球出界等情况时，均判对方在犯规违例方的半场发界外球。

第五，"攻守投篮"游戏的建议：本游戏运动量较大，时间不宜过长。

（四）"跑投三十分"游戏

第一，"跑投三十分"游戏的目的：提高球员快速投篮的能力。

第二，"跑投三十分"游戏的场地器材：篮球场 1 个，篮球 4 个。

第三，"跑投三十分"游戏的方法：把球员分为人数相等的四队，每两队用一副篮筐，各队在规定地点站好，排头各持 1 球。游戏开始，各队从排头起做原地跳投 1 次，罚球 1 次，都是自投自抢，无论投中与否，都把球传给下一个队员，其他队员依次按同样方法进行，按跳投投中得 2 分，罚球投中得 1 分的分值累计，直到投满 30 分，已完成的快慢排列名次。

第四，"跑投三十分"游戏的规则：①严格限制投篮距离，跳投时的起跳点不能越过规定范围。②不得故意干扰对方投篮。

第五，"跑投三十分"游戏的建议：①根据队员的水平，对投篮动作提出不同的要求或规定。②如果人数太多，可多分几队，用淘汰赛或擂台赛的方法抢投 30 分。

（五）"上篮连中比快"游戏

第一，"上篮连中比快"游戏的目的：提高球员快速运球上篮技术运用能力。

第二，"上篮连中比快"游戏的场地器材：篮球场 1 个，两人 1 个篮球。

第三，"上篮连中比快"游戏的方法：把球员分为甲、乙两人一组的若干组，每组 1 个篮球。比赛开始，各组的甲首先上场，在两个球篮间快速运球上篮，如甲能按规定连中 4 球则算完成一组，可由本组的乙再上场以同样方法进行，若甲未能按规定完成一组，由乙上场以同样方法进行，直到甲、乙两人完成规定的组数。先完成的组为胜。

第四，"上篮连中比快"游戏的规则：①只能是"上篮"，否则投中无效。②凡出现走步、两次运球等违例现象，违例者已投中的次数取消并罚其重做。

第五，"上篮连中比快"游戏的建议：①此游戏适用于人数少的队训练时用，但若参加人数多，可 3～4 人一组或分成若干队进行对抗。②不一定要求上篮时连中，可要求每人投中若干个或两个累加投中若干个则可。③为防止球员追求上篮命中率而减慢上篮速度，此游戏可改为单位时间内，累计上篮命中次数判胜负。

（六）"1＋1"投篮游戏

第一，"1＋1"投篮游戏的目的：规范球员投篮动作，提高球员罚球或原地投篮的命中率。

第二，1＋1"投篮游戏的场地器材：篮球场 1 个，篮球 2 个。

第三，"1＋1"投篮游戏的方法：把球员分为人数相等的两队，各成纵队站于罚球线（或指定的投篮点）后，排头各手持一球。游戏开始，从排头起依次进行"1＋1"投篮，即先投第一球，若投中则可投第二球；若第一球未投中，则把球传给本队下一个人，自己站到队尾，如此直到全队做完，累计所投中的球数多的队为胜。

第四，"1＋1"投篮游戏的规则：①必须在规定的投篮点投篮，否则投中无效。②必须以规定的投篮方式投篮，否则投中无效。③球在投篮队员手中停留不得超过 5 秒，否则投中无效。④每人只有一次"1＋1"的机会。

第五，"1＋1"投篮游戏的建议：①可改为规定投中个数的方法，先达到规定投中个数的队为胜。②可改为限定时间比赛的方法，在规定时间内投中次数多的队为胜。③可根据情况规定或不规定投篮方式，如原地单手肩上投篮、原地双手胸前投篮、原地双手头上投篮、原地跳投、运球或接球急停跳等。

（七）"抢胜三球"游戏

第一，"抢胜三球"游戏的目的：锻炼球员心理素质，训练球员在比分接近的情况下提高投篮命中率。

第二，"抢胜三球"游戏的场地器材：篮球场 1 个，篮球 2 个。

第三，"抢胜三球"游戏的方法：把球员分为人数相等的两队在规定的点进行投篮比赛，比赛的顺序是甲 1、乙 1，甲 2、乙 2 交替进行，直到一方净胜 3 球为止。

第四，"抢胜三球"游戏的规则：①队员必须按预定次序进行比赛，中途不得更改。②比赛开始先做的一队如果先胜三球，后做的一队仍有一次投篮机会。

第五，"抢胜三球"游戏的建议：①为活跃气氛，在队员投中后，本队队员最好能高声呼出胜过对方的次数，如"赢一个""赢两个"等，落后的队可以高呼"还差一个"等。②投篮点和投篮方式可根据需要来确定。

（八）"抢投得分"游戏

第一，"抢投得分"游戏的目的：磨炼球员的投篮基本功，提高对抗中快速出手能力和命中率。

第二，"抢投得分"游戏的场地器材：篮球场 1 个，每两人 1 个篮球。

第三，"抢投得分"游戏的方法：划定一个"投篮区"作为队员对抗的基本范围。把队员分为人数相等的甲、乙两队。游戏开始，双方各出一人进行对抗，两人均自投自抢进行防守。例如，甲方的甲 1 与乙方的乙 1 对抗，甲 1 持球并把球传给乙 1 同时上前封盖乙 1 的投篮，而乙 1 在接到甲 1 传来的球且尚未来得及投篮出手，并以同样方法去抢篮板球和把球传给甲 1 并对甲 1 进行防守。每人一次进攻机会。如此反复循环直至规定时间到，命中次数多的一方得 1 分；以后各组均按同样方法进行，直至双方全部轮完 1 次，以得分多的队为胜。

第四，"抢投得分"游戏的规则：①投篮双方均不得超越投篮区的限制线，否则投中无效。②双方接球后即出手，不得以运球或突破避开对方防守，否则投中无效。③双方投篮后即冲抢篮板球并在获球的地方把球传给对方，不得走到对方面前交球接防守，否则算对方直接得 1 分。

第五，"抢投得分"游戏的建议：①可在两个半场内同时进行 4～6 组的对抗。②可根据情况规定或不规定投篮方式，延长或缩短投篮距离。

四、脚步动作类游戏

脚步动作游戏是通过各种突然、快速的脚步动作，达到进攻时能摆脱防守，防守时能跟住对手，以争得时间和空间主动权，进而有效地完成攻防任务的一种技术。它是篮球各项技术的基础，也是比赛中运用最多的一项技术。它对于掌握和提高其他技术，培养和发展球员的速度、力量、灵敏、反应、协调等基本素质，以及培养克服困难的意志品质和勇猛顽强的作风起着积极的作用。

移动技术包括走、跑、跳、停、转、滑、撤等 20 多种基本脚步动作方式。各种移动动作方式在比赛中的作用不尽相同。但无论哪一种方式，其动作结构都主要以腰、膝、踝关节为轴的各种运动动作所组成，上肢加以协调配合，而且都是通过脚掌不同部位的蹬地、碾地或抵地用力，配以脚、腿、腰、胯的协调用力来实现身体重心的转移和控制的。现代篮球比赛要求队员在比赛中运用各种脚步动作时，要做到突然、快速和多变。因此队员进行移动技术教学训练，不仅要发展队员的判断、反应能力，提高身体训练水平，更重要的是培养队员变换身体重心和控制身体平衡的能力。

鉴于移动技术本身的动作简单，对教学训练条件的要求不高，但练起来又较枯燥的特点，以游戏的方式进行移动技术教学训练，就成为篮球教学训练中的常用的教学手段。从教学的角度来说，移动技术教学训练有很重要的两点要求：一是要与篮球的专项身体数值训练紧密结合；二是要与篮球的对抗技术，如运球与防运球、突破与防突破、传球与防传球、投篮与防投篮、接球与防接球等紧密结合。但从移动游戏的素材选择角度来说，则更着重于移动的单一技术动作和专项身体素质训练紧密结合。因此组织移动游戏的目的主要是掌握各种移动技术动作方法，学会在球场上正确的蹬地用力、转移身体重心、保持身体平衡的基本方法；掌握移动技术运用方法以及不同技术动作间的相互衔接要点，提高脚步移动的速度、速率、突然性和灵活性；在模拟比赛实战的情况下，提高移动技术与其他技术的快速转换能力。

（一）"不倒翁"游戏

第一，"不倒翁"游戏的目的：锻炼球员的反应能力，提高球员的启动速度。

第二，"不倒翁"游戏的场地器材：篮球场1个，标枪或竹竿1根。

第三，"不倒翁"游戏的方法：球员围成一个圆圈向圆心站立，报数并记住自己的号码。教练员在圈中央用手扶竖立在地面上的竹竿。然后让球员绕圆慢跑，教练员随意叫某一号码，同时将竹竿放开跑进圆圈。被叫到号的球员应立即跑到中间扶住将要倒下的竹竿，并使其竖直，然后呼叫另一号，游戏继续，未来得及扶住竹竿者受罚。

第四，"不倒翁"游戏的规则：扶竿同学放手时不能有意加快杆的倾倒速度，放手后也要注意躲避下一位扶竿者的跑动路线。

第五，"不倒翁"游戏的建议：游戏人数以15人左右为宜，人数太多可分组进行，太少则要增加跑动半径。

（二）"摸球追拍"游戏

第一，"摸球追拍"游戏的目的：训练启动、急停技术，提高速度素质。

第二，"摸球追拍"游戏的场地器材：在场地上画一个等边三角形，在三个顶角放三只立柱，在三角形中心点放一篮球。

第三，"摸球追拍"游戏的方法：分成人数相等的三个组，站在立柱后成纵队，面向中心点。游戏以三人一组进行，听到信号后，每组第一人按规定的跑动路线进行摸球，即甲组到中间摸一下球，随后绕过乙组立柱再到中心摸球，再绕过丙组立柱到中心摸球，最后回到甲组。在游戏进行过程中，三人中后一人追前一人，如追拍到前一人得一分，在追拍过程中，还要随时注意信号，如听哨声后做急停并要沿轨迹相反方向跑，如此以回到原位为第一轮结束，累积每组得分，以得分多的组为胜。

第四，"摸球追拍"游戏的规则：①追拍必须按规定路线行进。②摸球时不得使球滚动，发生移动必须放还原处。

（三）"关门"游戏

第一，"关门"游戏的目的：提高滑步及关门防守技术，培养球员协同配合的精神。

第二，"关门"游戏的场地器材：篮球场1个，在场地上画几个与中圈等大的圆，篮球若干个。

第三，"关门"游戏的方法：在每个圆心上放一篮球（要使篮球固定不动），每组分4人防守和3人进攻站于圈内外。游戏开始，攻方利用身体虚晃、转身、急停及各种脚步动作设法进入圆圈触摸球，而防守则通过快速移动及相邻两人的关门配合不让对方进入圆内，以2分钟内攻方能否进入圆圈触摸球判断胜负，然后交换位置游戏重新开始。

第四，"关门"游戏的规则：①防守只能依靠快速地移动，用身体来防守对方进攻，不能用手臂阻止对手。②进攻方不能有推人动作。

第五，"关门"游戏的建议：进攻和防守的人数可适当增加或减少，但防守区至少比进攻多一人。

（四）"团体赛跑"游戏

第一，"团体赛跑"游戏的目的：训练腿部力量，提高速度素质。

第二，"团体赛跑"游戏的场地器材：场上放几行等距离的立柱，将人数分成相应均等的几组，在端线外面对场内纵队站立（后一人抱住前一人腰）。

第三，"团体赛跑"游戏的方法：游戏开始，每组从端线出发，绕过所有立柱到另一端线，游戏以一组排尾先过端线为胜。

第四，"团体赛跑"游戏的规则：①队伍不得松散，要集体通过端线。②必须按图示路线跑动，不得触及标志杆。③击掌时，下一位同学不准抢跑。

第五，"团体赛跑"游戏的建议：①可通过增加标志杆的数量来增加跑动难度，改变标志杆的位置来改变跑动路线。②标志杆可由见习生来顶替。

（五）"大渔网"游戏

第一，"大渔网"游戏的目的：训练灵敏反应和脚步动作的灵活性，培养协同一致的配合能力。

第二，"大渔网"游戏的场地器材：在篮球场上进行，先指定两名队员担任"渔网"，其他人在场内可以任意跑动。

第三，"大渔网"游戏的方法：游戏开始，担任"渔网"的第二名队员手拉手在场内跑动并设法用手触及其他人，被触到者加入"渔网"队伍，如此"渔网"逐渐扩大，直至场上剩下最后一名，游戏结束。

第四，"大渔网"游戏的规则：①"渔网"不得松散，如松手触到人不算。②不得离开球场跑动，被迫出界按触到论。

（六）"急起急停"游戏

第一，"急起急停"游戏的目的：练习急停技术，提高快速启动能力。

第二，"急起急停"游戏的场地器材：篮球场 1 个。

第三，"急起急停"游戏的方法：球员成一列横队站于端线后，以教练员哨声为信号向对面端线跑动。教练员鸣哨，球员启动跑，教练员再吹鸣哨，球员急停，如此进行。在最后一次鸣哨跑动后，先到达端线的球员为胜。

第四，"急起急停"游戏的规则：听到急停哨声应立即停止跑动，否则视为犯规。

第五，"急起急停"游戏的建议：①为练习急停技术，可要求球员在第一轮游戏中采用跨步急停，第二轮游戏采用跳步急停。②若与篮球运动规律相结合，启动信号应改为教练员的手势或口令，急停信号用哨声。

（七）"摸高快跑"游戏

第一，"摸高快跑"游戏的目的：提高球员的弹跳力，练习急停和转身的技术动作。

第二，"摸高快跑"游戏的场地器材：篮球场 1 个。

第三，"摸高快跑"游戏的方法：把球员分为人数相等的两队，各成纵队站于端线外。游戏开始，两队排头迅速起跑至中线用手摸中线后返回，在篮板下急停跳起摸篮筐两次，再拍击本组第二位同学的手，自己站队尾。能摸到篮板的球员要连续起跳三次再接力；摸不到篮板的球员在篮下尽力纵跳四次后再接力，先轮完的队为胜。

第四，"摸高快跑"游戏的规则：①接力时，击掌后才能跑动，否则退回原处重新开始。②触篮筐时不能手抓，否则重罚。

第五，"摸高快跑"游戏的建议：①起跳前的跑动距离和方式可改变。②起跳方式可改为单脚、双脚或单、双脚交替，触摸方式可改为单手触摸和双手触摸。

（八）"贴膏药"游戏

第一，"贴膏药"游戏的目的：发展球员的反应、躲闪、奔跑、急停和转身能力。

第二，"贴膏药"游戏的场地器材：篮球场 1 个或平整的空地 1 块。

第三，"贴膏药"游戏的方法：球员两人成一组，每组间隔两臂左右，围成一圆圈站立；先由 A、B 两人开始，A 指定为追人者，B 则指定为被追者。被追者 B 可利用圆圈上的"人墙"做障碍，追逐着奔跑周旋，当即将被追人者 A 触摸到或不想再"奔逃"时，可跑到圆圈上某一组的左或右侧并紧贴其站立，临时组成 3 人并排的一组；此 3 人并排的最外侧（例如，若被追者 B 贴于该组左侧时，其最外侧为右侧，反之亦然）的队员应立即代替原被追者 B 成为新的被追者；原追人者 A 则换追这个新的被追者；若被追者在达到安全位置前被追人者触摸到，则两人角色互换，被追者反追追人者。如此反复进行。

第四，"贴膏药"游戏的规则：①被追者和追人者均可在圈内外任意跑动，但不可能跑出规定的球场范围。②被追者只有在其肩部紧靠某组左或右侧人的肩部后才为安全，否则算被追人者追到。③被追者不得在某组的身后停留超过 3 秒；而追人者则不得在某组的两人间强行触及位于该组后面的被追者。

第五，"贴膏药"游戏的建议：①此游戏可变化为两人前后站立，前贴后跑或后贴前跑。②为提高练习密度，可同时由两或三对相互追逐者开始。③大家熟悉游戏方法后，游戏改为运球"贴膏药"。

第八章　高校篮球运动心智能力实践训练

篮球运动对抗性强、攻防转换速度快，因此，篮球运动员除了具备过硬的技战术素养外，还需要具备出色的心理与智能的对抗能力。从现代篮球运动发展现状看，仅仅凭借技战术层面就妄图压制对手的情况已不多见，顶级的篮球赛事更多地倾向于球员之间的心理与智能的对抗。

第一节　篮球运动员心智系统概述

一、篮球运动员心理训练理论分析

（一）篮球心理训练的概念

篮球心理训练是针对篮球运动员的各项心理能力的训练，具体为一种有意识、有目的地采用特定的方法和手段，培养篮球运动员从事篮球运动所开展的心理素质训练过程。

（二）篮球心理训练的意义

篮球运动的心理训练是为了使篮球运动适应现代运动需求所开展的训练内容，至今已经成为许多专业篮球运动队不可缺少的一项训练。

在现代篮球运动训练的系统中，篮球心理训练已经与技战术训练和体能训练的作用相持平。这些训练内容共同构成了篮球运动训练的体系。

现代篮球运动的发展更加倾向于对抗、速度以及对时空的争夺上，而技战术的水平也已经达到较高水准。在高水平篮球赛事中，双方因争夺造成的冲撞或倒地次数高达 200 次以上。在比赛双方身体、技术、战术水平势均力敌的情况下，胜负往往取决于运动员心理素质水平的高低，而在实际的篮球运动训练当中，对于球员心理素质的训练往往又容易被忽视。

总之，篮球心理训练既是现代篮球训练的一个重点，也是当前篮球训练理论研究的一个重要课题。

（三）篮球心理训练的任务

篮球运动心理训练的任务主要为发展、提高和完善球员的心理素质，维持稳定的心理状态，并将其体现在实战比赛中，以保证技战术能力的稳定发挥。其主要体现在以下几个方面：

第一，对篮球运动员的专门化知觉、记忆、想象、思维等心智能力进行改善。

第二，帮助篮球运动员克服不良的运动心理问题，主要针对消极心理和畏惧心理。

第三，提高篮球运动员能在瞬间做出准确的时空判断的能力，同时使其具有较好的"时机感"。

第四，提高篮球运动员完成技术动作的自控能力。

第五，帮助篮球运动员适应日常的训练，将球员的心理状态调试到与比赛周期相适应的程度。

第六，能够使运动员在日常训练和紧张的比赛氛围中合理调节和消除自己产生的消极心理影响。

第七，培养篮球运动员良好的意志品质。

（四）篮球心理训练的内容

总的来看，关于篮球运动心理训练的内容主要可以分为两大部分，即一般心理训练和比赛心理训练。

1. 一般心理训练

一般心理训练是一种长时间持续不断的心理教育过程，因此它所开展的时间较长，甚至始终会贯穿球员的日常训练之中。这种训练的目的主要在于提高运动员的个性心理品质，使运动员形成更适应比赛的良好心理状态。

篮球一般心理训练具体包括以下几方面的内容：

第一，篮球运动参与、训练、比赛等动机培养。

第二，篮球运动自信的提升。

第三，篮球运动思维的发展。

第四，篮球运动所必需的感知觉发展。

第五，篮球运动不良情绪调整。

第六，篮球运动注意力的提高。

第七，篮球运动意志品质的培养与提高。

第八，篮球运动集体心理和团队意识的培养。

2. 比赛心理训练

比赛心理训练是为准备篮球比赛而进行的心理训练内容。比赛心理训练的训练周期较短，具有很强的针对性，它具体包括赛前心理训练、比赛时心理训练、赛后心理调节三部分。

篮球比赛心理训练的目的是使篮球运动员运用自我调节心理状态的方法，在赛前形成最佳心理竞技状态，为在比赛中创造优异比赛成绩奠定心理基础。

篮球比赛心理训练具体包括以下几方面的内容：

第一，提高篮球运动员竞技动机。

第二，为球员尽快适应比赛环境、氛围等条件做准备。

第三，为加强篮球运动员在比赛中与队友之间的关系方面的良好适应提供帮助。

第四，帮助篮球运动员在比赛周期中调整好生理、心理等的激发、控制和调节训练。

第五，关于比赛时的战术思维模式和思维灵活性训练。

第六，针对篮球比赛中，篮球运动员应对和排除突发事件的心理应激训练。

第七，各种专门的心理状态的调整，心理放松和恢复，消除各种心理障碍以及心理能量的储备等训练。

篮球运动训练是一个科学的过程，其中，一般心理训练和比赛心理训练是相互依赖、互为条件的，二者在具体的训练过程中结合篮球运动员的比赛安排顺序或交叉进行。

二、篮球运动员智能训练理论分析

(一) 篮球运动智能的概念

智能是"智力与能力"的简称，它包括两方面的内容，即智力潜能和智力能力。

智力潜能是指保证个体有效地进行认识活动的稳定心理特征的结合。智力潜能主要包含五大内容，即想象力、思维力、观察力、注意力和记忆力。

智力能力是指保证个体成功地进行某种实践活动的相对稳定的心理特点的结合。智力能力主要包含五大内容，即组织能力、计划能力、创造能力、操作能力和适应能力。

所谓的运动智能，是运动员将运动能力与智力能力相结合的综合表现。而对于篮球运动员来说，篮球运动智能就是运用知识和信息，分析和解决篮球运动训练或比赛中各种实际问题的能力，具体包括观察力、注意力和思维想象力等要素。

（二）篮球智能训练的意义

实际上，人的运动行为并非简单的身体方面的运动，除此之外，在运动过程中，特别是在现代体育运动项目的参与过程中还需要有运动员智能的参与，球员在场上的斗智斗勇也是比赛精彩纷呈的看点之一。

篮球运动智能是运动员竞技能力的重要体现之一。对于包括篮球运动在内的球类运动来说，其通常对球员的运动智能有着较高的要求。运动智能的关键作用在于，它能够使球员在篮球比赛中维持体能和其他技能的高效利用。

篮球智能训练对提高篮球运动员的比赛能力，增强运动员在篮球比赛中获胜的概率，以及促进篮球运动员更好地提高自我综合运动素质具有重要的意义。

在篮球高水平赛事中，球队双方球员的对抗主要为体能与技战术，在细节上的对抗体现在心理以及团队精神方面。而如果球队中的球员们都具有高超的运动智能，则会使团队配合更加默契。

另外，拥有较高运动智能的运动员，可以更加深入地了解与把握运动训练的一般规律与专项规律，即对篮球运动有更深的理解，发现其本质。如此得以与队员、教练员实现更加协调的配合，有助于篮球运动员综合运动理论和实践能力的发展。

（三）篮球智能训练的任务

篮球运动员的智能训练的任务主要包括如下几点。

1. 提高篮球运动员的独立训练能力和参赛能力

要想提高篮球运动员独立完成训练和参赛的能力，具体应从以下几个方面入手：

第一，使篮球运动员掌握科学的训练方法。

第二，使篮球运动员了解训练和比赛的目的。

第三，发展篮球运动员的运动感知觉以及战术思维能力。

第四，提高篮球运动员的综合技能水平以及对训练的适应能力。

第五，使篮球运动员养成总结比赛经验的习惯。

2. 提高篮球运动员的自我监督能力

篮球运动训练不仅是运动员接受训练，还应该对训练有一定的自我反思能力和监督能力。这种自我训练监督能力的提升的最大作用在于能够全面、客观、科学地了解自己的实际训练情况，保持运动训练的持续进展和训练效果的持续性获得。

具体要求运动员做到以下两点：

第一，掌握必要的篮球运动相关辅助知识，如运动医学和运动心理学，以此作为开展自我监督的基本能力保障。

第二，理解并配合教练的训练负荷安排工作。

3. 提高篮球运动员训练计划制订与修改能力

篮球运动的训练是一项具体的、系统的、科学的技能养成过程。一旦这个训练计划得以确立，就需要在总体上遵循计划中的安排开展训练。不过，虽然确定了运动训练的计划，但运动训练本身是一个动态的过程，在这一过程中会因为某些因素的变化而导致训练不能完全严丝合缝地按照计划执行。此时，运动员的良好竞技水平和心理能力等的获得不仅是依靠训练组织者制订的计划，还需要运动员自己根据自我训练感觉提出对训练计划的修改意见，以更进一步地提高自我综合运动素质。

具体来说，要想篮球运动员具备一定的训练计划的制订与修改能力，具体应做到以下几点：

第一，使球员能够对篮球运动的本质规律与运动技能成长规律有较为深入的了解，在此基础上给训练计划的修正提出有参考性的建议。

第二，使球员掌握较为全面的运动相关学科理论基础。如运动生理学、运动生物力学和运动心理学等方面的知识。

第三，掌握一定的运动训练相关理论，可以相对客观地评价自我训练成果，并及时修改与完善训练计划。

4. 提高运动员运动器械操作能力

篮球运动训练需要使用很多训练设备与器材。因此，运动员也要熟练掌握这些设备和器材的使用方法，而这也是评判一名篮球运动员综合运动能力的标准之一。

运动智能的良好发展有助于篮球运动员提高体育器材的使用能力，完成训练任务，具体要求如下：

第一，运动员应了解相关运动设备或器械的用途，掌握基本的摆放、使用以及保养技能。

第二，运动员应充分了解不同运动器械的性能与特点。

第三，运动员应具备在各种训练或比赛需要的情况下对相关设备或器械的调整与矫正能力。

（四）篮球智能训练的内容

篮球智能训练的内容包括运动知识教育和智能因素培养两大部分。具体的篮球运动智能训练内容可以参考表 8-1。

表 8-1　篮球智能训练的内容

分类		篮球智能训练具体内容
篮球运动知识教育	一般运动知识	解剖学、运动生理学、运动生物力学、运动生物化学、运动心理学、运动医学、体育教育学、运动训练学和运动竞赛学等
	专项运动知识	篮球专项技术分析、篮球专项战术分析、篮球专项训练原则、篮球专项运动原理、专门篮球器械使用、篮球专项比赛规则、篮球裁判方法等
篮球运动智能因素培养	实操能力	学习、掌握和运用运动技术
	适应能力	对身体、技术、战术等方面的训练适应
	观察力	对自身运动行为的感知力和对外界物体运动的感知力
	记忆力	建立运动表象的速度和精确度
	思维力	动作概念的准确性和战术思维的敏捷性、灵活性与创造性等

第二节　篮球运动员心理训练方法设计

一、篮球运动心理构成要素

(一) 运动动机

动机是人从事某项活动的内部动力因素或是心理动因，是人从事某项活动的深层次的内部原因。对于人的动机的研究最常见的评判方法为"方向"和"强度"。其中，"方向"是人参与活动的目标选择，即意图要完成的是什么事情；"强度"则是为做某件事的意愿以及愿意为此付出多大努力的程度。

动机的产生一般包括以下两个必要条件：

内部因素——需要。需要是推动个体活动的原动力，当人们的某种需要得不到满足时，自身的平衡状态就会被打破，从而在心理和生理方面引起一定的不适应，为了缓解这种状态，人们会去寻找满足需要的对象，从而产生动机。但是，需要特别指出的是，并不是所有的需要都能转化为动机而引起个体的行为。

外部因素——诱因。诱因是激发动机的各种外部因素，是外界对人们的各种刺激因素，如荣誉、奖金、优惠等。

运动动机通常是需要和诱因两者相互作用的结果，内因是主要因素，外因则是通过内因起作用。

1. 动机的作用

动机的最大作用就在于它是人的行为的引导物，在引导成功后还会继续促使人朝着原定目标进行。

具体表现如下。

第一，始发功能：动机促进行为的实施。对于运动员来说，想要获得教练的称赞、队友的尊重、世人的认可，就必须通过刻苦训练来不断提升自己。

第二，指向或选择功能：运动动机能够激发人们的行为，使其活动向着某一目标前进，并进行不懈努力。在获得运动成绩动机的支配下，运动员会不断加强训练。

第三，维持和调整功能：动机不但能激发人开始某项活动，在活动开始后，还能维持活动的进行。具体来说，运动员在参与某项体育运动的训练过程中，如果运动动机较强，则运动员能够坚持很长时间，并且在遇到困难时，也会想方设法来克服困难完成运动训练；而如果运动员动机较弱或缺乏运动动机，则运动员很容易在遇到一些小的困难时就消极对待训练或放弃训练。

2. 动机与运动的关系

运动动机与运动员的活力、坚持等品质都具有密切的关系，被赋予较高的价值。运动员具有较高运动动机，就能够严格要求自己，积极参加运动训练，约束自身的生活和饮食，不断提升自己。

目前，针对运动动机与运动关系的研究结果主要有归因理论、自我效能理论、认知评价理论、目标设定理论等，具体分析如下。

（1）归因理论

归因，即对人的行为原因进行的推论过程，是人们常见的一种心理活动。归因理论是关于判断和解释他人或自己行为结果的原因的一种动机理论，它关注人们的行为发生的原因，并尝试对人的具体行为进行解释。

利用归因理论分析运动员的运动行为具有重要的理论和现实意义。运动的正确归因，能够激励个体进行训练和学习，进而促进运动员的最终成才。

（2）自我效能理论

自我效能，也称为自我能力感，是个体对自己能否完成一项任务所持的信心和期望，也是自我能力的一种判断。

自我效能理论的提出者班杜拉认为，人的自我效能的形成受到四方面信息的影响，即成功的表现、替代经验、言语说服、情绪唤醒（如图 8—1）。

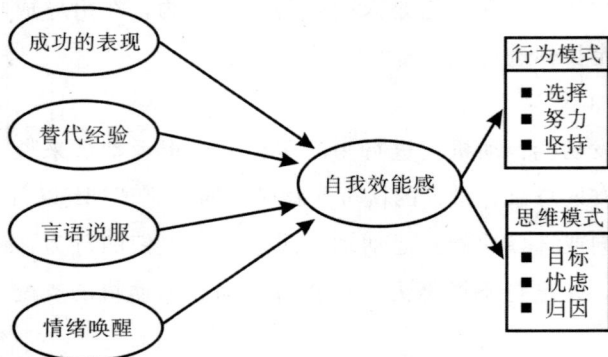

图 8—1　自我效能影响因素

在运动训练中，自我效能会对运动员的行为和思维产生相应的影响，它决定了运动员的训练的自信心，良好的自我效能有助于对运动员实施"我能行"的心理暗示，更有助于促进运动员完成训练任务，进而促进运动能力的发展。

（3）认知评价理论

认知理论认为，人对事物的认识包括感性认识和理性认识，直观性的感性认识是人认识活动的开始，认识的过程是由感性认识上升到理性认识的过程。运动训练是一个认识过程，直观性的感性认识在这一认识过程中起着非常重要的作用，它是运动员掌握动作技能的开始和基础。

认知评价理论注重认知特征对动机的直接影响作用，其为人们动机的激发和培养提供了重要的理论依据，在认知评价理论的指导下，即使是优秀的运动员，其也不应将取胜作为唯一的目标，还应注意通过比赛来促进自我体育素养、体育精神等的提升。

（4）目标设定理论

目标设定理论认为，挑战性的目标是激励的来源，目标设定具体包括任务定向和自我定向两种，这两种定向直接影响和刺激个体行为。

目标定向会激发人们对任务的直接兴趣，目标的明确度与难度直接决定个人的学习和行为的效果（如图8－2）。

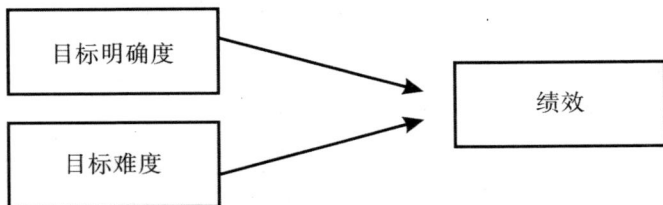

图8－2　目标对效果的影响因素

对于运动员来说，良好的目标设定，有助于促进运动员在目标的指引下通过努力去完成目标。在运动训练中，教练员应注意运动员的科学训练目标的制定与引导。

（二）运动知觉

运动知觉是指运动员大脑对客体在空间的位置移动及本体运动状态特征的知觉。简单地说，运动知觉实际上就是人对自身和物体在空间位置移动方面的具体感知。

运动知觉对于生活中的普通人来说，其意义远没有以运动项目为专业的运动员那样依赖。运动员面对的是具有较大负荷和激烈竞争的比赛，优秀的成绩和良好的运动感觉都有赖于强大的运动知觉，这也是运动员的核心竞争力的重要内容之一。

运动知觉的获得有一部分是基于运动员天生的知觉感受状况，但决定运动知觉好坏的因素不只是这一点。事实证明，后天经过严格的训练也可以培养运动知觉，从而对自身和物体运动的方向、快慢、位置等方面进行正确的感知，以服务于包括篮球运动在内的一切体育运动。

篮球运动中，运动员对客体（球、人、场上人与球的关系）的运动知觉主要靠视觉和听觉，而对主体的运动知觉依靠的是动觉、平衡觉乃至触觉。从这些可以看出，对于篮球运动员来说，其专门化的运动知觉是其在长期篮球专项训练和比赛实践中形成与发展的。良好的篮球运动知觉能帮助篮球运动员对场地、球、双方队员的行动与时空特性及客体做出高度敏锐和精确的识别与认知，进而做出正确的行为决策。

（三）思维

1. 思维的概念

思维是一种高级的心理过程，是认识过程的高级阶段，是个体对事物的间接反应。可以简单理解为，思维是人们对事物表象信息的思考与加工，从而对事物得出更深层次的认知。

2. 思维与运动的关系

认知心理学研究表明，个体的操作思维能够有效反映肌肉动作和操作对象的相互关系，因此，个体对运动技能的掌握以及表现都离不开发达的操作思维。因为思维的存在，个体才能对动作产生正确的认识，并且能够将动作准确完成。

思维的敏捷是优秀运动员应具备的基本心理素质，在运动过程中，运动员思维的敏捷性表现为对面临的问题能够通过多方面的经验和知识，迅速、及时地做出反应。

现代篮球比赛中，比赛场上形势瞬息万变、攻守转换迅速，要求运动员及时做出战术决策。只要"信号"一出现必须立即做出应答，否则就无法应付比赛的复杂情况。面对赛场上的一些突发情况，优秀的竞技运动员往往更能在最短的时间内找到有效的应对措施并将问题解决掉。从心理学角度来说，在问题出现和找出问题应对措施的过程中，优秀球员总是可以更快地打破原有的思维联系，找寻到最适合当时比赛局面的新的思维联系。这种迅速的思维活动，就是思维的灵活性和敏捷性的表现。

篮球运动是一个充满创造性和创新性的体育运动，也正是这一点吸引了全球数亿人对篮球的狂热和喜爱，篮球比赛水平越高，对运动员思维应变能力的要求也越高。

（四）意志品质

1. 意志的概念

意志力是人自觉地确定目标，并为这一目标的实现主动性地进行自我调节、克服困难的心理过程。在篮球运动中良好意志力的表现主要是为了获得比赛的胜利，个人与队友共同努力，克服困难。

2. 意志与运动的关系

意志与运动有着诸多联系，它是人为了实现既定目标而支配自己的行动。具有良好的意志品质是运动比赛获胜的重要保证。

现代竞技运动的竞争和对抗性都较强，在比赛的关键时刻、比赛的最后阶段，运动员的体力会消耗极大，而这时是对运动员心理素质的极大考验，具有良好意志品质的运动员（运动队）往往更能坚持到最后，赢取胜利。

篮球运动员的意志主要表现在两个方面：一个是对外部困难的克服，另一个是对内部困难的克服。篮球比赛涉及与对手的对抗以及与自身的对抗。在与对手的对抗中，由于对手实力不同，可能出现局势对我方有利或者不利，如果面临不利局面，就需要运动员有坚强的意志克服这种来自外部的困难。而对内部困难的克服主要是运动员对自我心理不良情绪的克服。但无论是哪种因素，其克服的本质还是为了能在比赛中将自身的能力正常发挥。

（五）注意力

注意是心理活动或意识对相应对象的选择、指向和集中。注意能够使人选择与当前任务一致的各种刺激，避开各种干扰刺激，从而保证个体对事物有更加清晰、正确的认识，有更正确的反应和更有序的控制。

注意是伴随心理过程的心理现象，但不属于心理过程。

1．注意方式

注意方式是结合注意的结构维度来提出的，注意包括范围和方向两个维度，在这两个维度下，可将注意分为四种方式（如图8－3），即广阔—外部注意、狭窄—外部注意、广阔—内部注意、狭窄—内部注意。不同的活动所需要的个体的注意方式不同，不同的注意方式可对个体认识事物产生不同的影响结果。

广阔—外部注意：注意范围广阔并指向外部环境的注意。

狭窄—外部注意：注意范围狭窄并指向外部环境的注意。

广阔—内部注意：注意范围广阔并指向内部信息的注意。

狭窄—内部注意：注意范围狭窄并指向内部信息的注意。

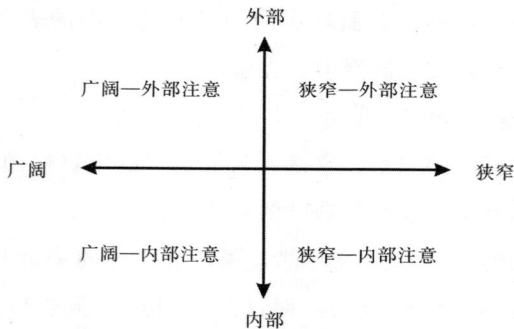

图8－3　注意方式

2．注意的分类

根据不同的分类方法可以将个体的注意分成不同种类，具体参考表8－2。

表8－2　注意分类及内容

分类依据	注意类型	注意的内容及其表现
功能	选择性注意	把注意指向于一项或一些任务，忽视与之竞争的任务
	集中性注意	意识不仅指向于一定的刺激，而且还集中于一定的刺激
	分配性注意	关注不同的任务
目的和程度	无意注意	没有预定的目的，不需要意志努力的注意
	有意注意	有预定目的，需要一定努力的注意
	有意后注意	有自觉的目的，但不需要意志努力的注意

分类依据	注意类型	注意的内容及其表现
表现	外显性注意	直接把感觉器官转向外界刺激来源的动作
	内隐性注意	对几个可能的感觉刺激中的一个产生知觉集中

3. 注意与运动的关系

在体育运动中，不同的运动项目需要运动员不同的注意方式，这就造成了其注意的信息、注意的转移、注意的强度、注意的持续时间等方面的不同，从而产生不同的行为影响。

结合不同的注意方式，对注意运动的影响分析如下。

第一，广阔—外部注意：针对较为复杂的运动情景的把握需要该注意方式，如篮球、排球等项目，运动员需要收集来自赛场上的人、球等各种信息。

第二，狭窄—外部注意：针对快速、短暂反应时需要该注意方式。

第三，广阔—内部注意：针对所收集信息的思考并做出反应与预测。如棋类运动员在对弈时，对记忆中的已知棋局的思考。

第四，狭窄—内部注意：敏感地把握身体感觉的注意，如运动员对技战术的准确运动感觉体验、诊断。

鉴于篮球比赛高耗能（体能）的特点，随着球员体能的流失，其注意力水平也在逐渐降低，而能否高度集中注意力，常常是能否发挥出高水平的关键。可见只有运动员将这种高度集中的注意力保持全场，才能避免在比赛中由于精神不集中出现而导致的失误。此外，篮球比赛攻守交替很快。因此，要求运动员注意转移能力极强，既能高度集中注意力，又要能迅速转移注意力，时刻根据场上攻守变化改变技战术策略。

（六）情绪

1. 情绪的概念

情绪是个体对各种主观认知经验的通称，是个体多种感觉、思想和行为的综合心理状态。个人的情绪与其个性品质具有密切的关系，同时，个人情绪受外界影响较大，客观环境的变化、他人的评价都有可能导致个体的情绪的波动。

运动情绪是指与身体的生理活动密切联系的情绪状态。体育运动是消耗体力、脑力并克服内外部困难的紧张劳动。没有充沛情绪的推动，是不能从内部动员肌体力量来完成复杂运动任务的。稳定的情绪是保证运动技术正常实施的重要心理基础。

个体的心理会形成一种"吸引力"现象，具体是指人过于思考或关注某项事物时，与之相关的信息会大量出现，如果一个人非常关注令他开心的事情，则会收到许多积极、愉悦的信息；反之则会积累很多消极、负面的信息。简言之，一个积极的运动员更容易接收正面的信息，以较好的情绪状态投入运动训练和比赛中去；而一个消极的运动员更容易关注负面信息，从而消极应对运动训练和比赛。

2. 情绪与运动的关系

运动可影响个体的情绪，一次畅快的运动可以给人带来良好的心理体验。运动过程中，运动中枢形成强烈的"优势兴奋灶"，这种兴奋的水平较其他方面带来的兴奋要高出许多，进而对其他中枢产生抑制，降低其他兴奋灶的兴奋水平（保护性抑制），因此，运动可以消除心理疲劳和焦虑、烦恼、抑郁、自卑等不良情绪。长期参与体育运动锻炼，能够使人更加自尊、自信。

对于运动员来说，具备良好的运动情绪有助于其以更好的生理和心理状态投入运动训练和比赛中去，尤其是年轻的、缺乏比赛经验的篮球运动员更容易受外界因素的影响。例如，在篮球比赛中开场不久就获得两球领先的局面，如此就感到比赛十分顺利，但开场即落后会给球员带来压力。这种情绪波动的现象，在篮球比赛中非常常见，甚至一两名关键球员的心理受到影响后会"传染"给其他球员。因此，只有在适宜的情绪状态下，技术水平的发挥才能达到最高点。

在篮球运动比赛中，运动员保持充沛而稳定的情绪，是其高水平发挥体能、技能的重要心理基础。

（七）自信心

1. 自信的表现

自信是一个心理学概念，具体是指个人相信自己，对自己所知的事情、所做的事情或已做的事情确信不疑。自信心是良好的心理素质的重要组成部分，它决定着一个人的整体个性的全面发展。

运动自信是特定领域的自信，是运动员能够完成某一任务的信念。运动员良好的自信表现为相信自己的实力，能够在比赛中始终正视对手，认清自己，对可能面对的困难局面无所畏惧，坚信通过稳定的发挥可以力挽狂澜。

与"自信"相对的是"自卑"，自卑的运动员在比赛中往往表现得畏首畏尾，容易出现简单失误和错失良好攻防机会。

2. 自信的来源

良好的自信是个体对自我的一种认可，个体建立自信的过程是一个复杂的自我说服过程，这与个体之前的成功经验和对自我的客观认知有重要的关系。此外，榜样可提供成功的替代经验，提升观察者的运动自信。他人的称赞、自我谈话等都有助于提高个体对自我的充分肯定与自信程度。

但是，需要特别指出的是，自信与盲目自信不同，自信是建立在自我全面、客观认知的基础之上的。

3. 自信与运动的关系

对于运动员来讲，拥有良好的自信有助于运动员更加积极地投入运动训练中去，同时，也有助于运动员在比赛中充分发挥自己的技战术水平。

具体来说，自信是运动员良好的心理品质之一，是促进运动员良好运动表现的重要心理构成要素。

首先，自信是运动员的重要心理技能，是决定运动员成功表现的关键的、具有正向关系的心理技能之一。

其次，自信是区分成功和不成功运动员的最有效的心理因素，一般来说，自信有助于调节焦虑对于运动表现的影响，自信能够增强运动员战胜困难的勇气。自信程度高的运动员更能在比赛中从容应对各种突发情况、更有可能获得成功。

最后，通过判断运动员的自信情况，能够有效预测运动员的运动表现。自信的运动员，其认知和情绪以及行为等方面表现得更加积极，从而提升其运动表现。在其他各方面条件相当的情况下，与自信不足和自卑的运动员相比，具有超强自信心的运动员，往往会有更好的运动表现。

（八）心理相容性和高度的内聚力

强大的内聚力和良好的心理相容性是最大限度地发挥集体力量的重要基

础，是运动团体取得比赛胜利的前提。

对于竞技运动而言，个人和团队都应具有这种心理相容性和内聚力，特别是在篮球这种极度依赖团队的运动中。队员纵使是一个个体，但其也是团队中的一个组成部分，每一个队员的活动都在一定程度上影响着整个球队的发挥，如果个体能得到队友的肯定，说明团队的心理相容性较好，这有助于运动员之间形成良好的技战术配合。

篮球运动是一个集体项目，在篮球队内，每一个成员的任何活动都可能影响其他成员，并引起他们的反应。一个篮球队中，如果有 2～3 个人与其他人场上、场下心理不相容，或这几个人和另几个人心理不相容，这个篮球队就会失去集体凝聚力，如同一盘散沙，是不可能取胜的。

二、篮球运动员心理素质的总体训练方法

（一）表象训练

表象训练实际上是一种偏向于"视觉化"的训练，对于心理素质的训练来说是较常见的一类。

对于参与体育运动训练和比赛的运动员来说，其所关注到的表象是动作技术在运动员头脑当中的反应，即呈现出一种象形化的符号。鉴于此，表象训练所关注的训练点就是运动员有意识地在头脑中再现或完善动作或运动情景的能力，从而使这项训练成为他们建立和巩固正确动作的动力定型、提高运动技能、增强运动自信的过程。

1. 表象训练的程序

第一，对表象训练的相关理论基础知识进行介绍，让运动员对此有一个初步的了解。

第二，对运动员的表象能力进行测定，以测定结果作为依据对运动员的表象能力进行评分，并据此确定训练任务。

第三，初步开展的基础表象训练。这一阶段的表象训练的重点是提高运动员的感觉觉察能力、表象清晰性和表象控制能力。

第四，更加具有针对性的表象训练。这一阶段的表象训练与篮球运动专项的结合更加紧密。

2. 表象训练的实施

（1）基础表象训练的实施

①觉察能力训练。利用记忆中的经验，创造出可控形象并对这些形象进行操纵。这个训练有些类似于冥想，具体如闭上眼睛，回忆既定的篮球运动技术动作的整个过程。

②表象清晰性训练。运动员利用自己所有的感觉体验，生动、真实地进行表象演练。这种训练方式更多的是在技术动作的训练中使用。

③表象控制力训练。表象控制力训练顾名思义就是重点提升运动员改变、操控和调节表象能力的训练。

（2）针对性表象训练的实施

篮球运动拥有自身的众多专项运动特点，包括技战术、训练规律、组织方式等。所以在进行表象训练时就需要兼顾这些专项特点，甚至还要考虑到不同运动员的个人训练特点，以此来设计与实际更加匹配的表象训练法和程序。

（二）放松训练

大脑与骨骼肌具有双向的联系，这种联系主要体现在对外界刺激信息的传递方面。肌肉越放松，其接收信息和传递的能力就越低，向大脑传递的冲动就减少，此时大脑的兴奋性也会降低，连带着心理的紧张也相应减少。因此，这种放松训练最终可以使心理得到放松。放松训练的常见方法如下。

1. 渐进放松法

渐进放松法主要是通过一定方法与程序使练习者获得肌肉部位的放松，这一过程应该呈现出循序渐进的形式，以达到逐渐使心理得到放松的目的。

2. 自主放松法

自主放松法是通过他人或自己利用引导语诱发练习者产生某种感觉体验，以放松身心的方法。这个方法与催眠术中的放松引导方法极为相似。

自主放松法包括六种基本练习内容，每一种练习内容都有固定格式的指导语，在引导语的暗示下，实现放松。实践中可以略微改变一下语言方式，以使放松的引导效果达到最佳。

（三）暗示训练

暗示训练是利用语言等刺激物对人的心理施加影响，进而控制行为的过程。通过语词（第二信号系统）暗示训练，可以调节中枢神经系统的兴奋水平，从而达到调节内部过程（心境、情绪、意志、信心等）的作用。例如，运动员在第四节比赛最后的关键罚球前向自己暗示"这只是一次在平时训练了无数次的罚球，小菜一碟，这种罚球的命中率我一向很高，所以没有问题"。

1. 暗示训练的程序

第一，使运动员认可语言暗示可以对情感、行为产生作用。

第二，发现运动员的消极想法。

第三，了解运动员对这种消极想法的认识程度。

第四，确定积极性引导的暗示语。

第五，实施积极性引导的暗示语。

第六，通过不断重复和定时检查，形成积极、阳光的心态。

2. 暗示训练的实施

在运动员深刻理解和认知暗示训练法的基础上，确定积极性引导的暗示语，以此来替代他们的消极想法，不断实施语言暗示，改变运动员心理认知。

（四）模拟训练

模拟训练主要是通过对特殊环境、人、事、物等情境的模拟创造，让训练者尽可能地处在身临其境的环境中而对其产生适应感的训练方式。

模拟训练在体育运动训练领域中已经得到了广泛运用，这种训练方式可以让运动员的心理发展与外界环境发生一定的适应性改变。在这一过程中，运动员在头脑中建立起合理的动力定型结构，从而使运动员的心理在真实比赛中保持一定的平衡。具体的实施过程中，模拟训练应根据篮球专项特点、比赛规则、比赛实际、运动员特点针对性地安排模拟对象、模拟内容。例如，使用正式比赛同款的篮球架与篮球筐、相同的场地材质、相同的用球等。

（五）系统脱敏训练

系统脱敏训练是一种以渐进方式克服神经症焦虑的心理技能训练。在篮球运动心理训练中使用到的系统脱敏训练的具体操作程序是：

第一，建立恐怖或焦虑等级（层次）。此过程应与运动员共同确定。

第二，开展放松训练。放松训练过程可以经由语言或音乐进行引导，以此达到使运动员身心放松的目的。这个训练每次30分钟，每天1至2次，共进行 6～10 次。

第三，在放松的情况下使运动员按某一恐怖或焦虑等级层次进行系统脱敏练习。具体实施的步骤为：彻底放松→运动员在指导者的语言指导下想象情境→运动员无法忍耐而出现严重恐惧或其他心理状态→放松训练对抗直到运动员继续忍耐至最终适应。系统脱敏练习每次 30 分钟，每周 1 至 2 次。

三、篮球运动员心理素质的具体训练方法

（一）运动动机的激发

篮球运动员的心理动机训练应针对比赛的需要和运动员的个体差异进行操作性调整，除了以激励为基础经常保持稳定的动机之外，还应结合具体比赛任务去增强动机。

篮球运动员训练和比赛动机的激发方法具体如下。

1. 满足乐趣

参与运动训练，运动乐趣性和艰苦性兼有，如果运动过程非常枯燥，就会使运动员失去运动乐趣，导致其运动动机下降。因此，要合理选择训练内容，科学安排训练时间和负荷，尤其是在训练初期。

2. 满足运动员获得集体归属感的需要

篮球运动属于集体项目，运动员参与训练渴望得到同伴的认可，在集体当中获得相应的归属感。针对此类运动员，应以集体成员的资格作为激励来激发其参与的热情，通过集体行为规范、目标、荣誉感来激发运动员积极参与训练的动机。

3. 通过强化手段培养动机

强化手段是指对于可接受的行为给予奖励或撤除消极刺激的过程。正确使用强化手段能够很好地激发外部动机，同时有效培养内部动机。强化手段的运用应注意以下几点：奖励有度，不能使运动员感觉被控制；对达到标准的优异表现进行没有规律的强化；促进运动员相互强化。

4. 引导运动员建立正确的体育价值观

树立良好的心态，正确看待运动训练，培养和激发自己参与运动训练热情。

（二）注意力的培养

在运动训练中，只有专注于运动训练，才能够更好、更快地投入运动之中，从而取得更好的运动训练效果。稳定的注意力是在竞技运动过程中运动员所应具备的重要心理竞技能力。

现代竞技体育运动开放性强，运动员的参赛过程受到多种因素的影响，如对手、观众、教练、裁判等。运动员要想在比赛中不被外界因素所干扰，就必须善于排除内外消极干扰，集中注意力投入比赛中去。

对篮球运动员良好注意力的培养方法包括：

第一，秒表练习：注视手表秒针的转动，每天练习，直到能持续注视5分钟而不转移注意。

第二，模拟练习：模拟赛场上可能出现的干扰情况，提高运动员的抗干扰能力。

第三，明确比赛任务：明确当前比赛任务，通过语言暗示自己专注于当前的可控因素，减少对不可控因素的注意。

（三）感知觉的改善

运动要求运动者对外界事物做出迅速准确的感知并加以判断，还要求在复杂多变的条件下做出相应的回应，因此需要运动主体综合运用身体各种感觉器官来感知动作形象、动作要领、肌肉用力程度、动作时空关系等，建立正确完整的动作表象。

篮球运动员感知觉的改善应从以下几个方面做起：

第一，发展运动员的各种记忆、想象、操作思维、战术思维和预测能力。

第二，在念动训练中（又称运动表象训练）学会利用肌肉运动表象的能力。

第三，改善知觉过程，尤其是形成对篮球运动具有重要意义的专门化知觉过程——球感。

（四）自信心的提升

篮球运动员自信心的提升可以通过以下方法来实现：

第一，自我暗示：出现自信的信念动摇时，通过默念"我必须沉着、镇静""我感觉很好""这个动作我能完成好"等来稳定情绪。

第二，自我松弛法：通过放松躯体肌肉来放松紧张心理，如排除杂念，意念集中，做深呼吸，自信地微笑，以及从头部开始放松全身肌肉。

第三，建立乐观的思维定式：采取积极的思维来阻断消极的思想意识，从不良情绪中摆脱出来。

第四，通过创设相应（不利的）的情境，让运动员有机会获得成功的体验来提高自信。

第五，发展各种注意能力，主要包括注意的稳定性、注意的转移和分配能力以及在训练和比赛条件下的心理定向能力。

第六，鼓励法：当运动员出现失误、受到挫折、技术水平停滞不前等情况时，耐心帮其分析原因，找出解决问题的办法。对其刻苦努力和良好的表现要给予充分的肯定和鼓励。

（五）思维的强化

思维的强化重点在于改变运动员的既定思维模式，改变运动员思维中不正确的思维方式，促进运动员思维拓展，使其更具创造性。

篮球运动员的思维强化应建立在运动员学习科学思维方法的基础上进行，具体操作是：

第一，教授运动员了解主要的、基本的哲学原理，使运动员懂得各种思维方法。

第二，讨论了解对象，接受水平及消化的能力。相互交流认识、体会，相互促进。

第三，训练演示，抛出问题，让运动员思考，然后回答，必要的情况下进行情境演练。

（六）情绪的调整

对于情绪的调整通常使用合理情绪训练的方法。这个训练的原理是基于ABC理论而来的。具体来看，在ABC理论模式中，A指诱发性事件；B指个体在遇到诱发事件后产生的信念（看法、解释和评价）；C指个体的情绪及行为反应。该理论认为，人的情绪是经历该事件的人的"看法、解释和评价"引起的，通过改变这种"看法、解释和评价"，可以改变情绪与行为反应。

在了解完ABC理论的基本知识后，可以引申出合理的情绪训练方法，具体操作是：

第一，找出引发运动员紧张情绪的事件，即找到"A"。

第二，分析运动员对诱发事件的看法，即找到"B"。

第三，研究这些看法与当事人异常情绪"C"之间的关系，由此能够分析出当事人认识到的异常情绪产生的原因。

第四，动摇直至消除运动员的不合理情绪。

第五，不合理情绪消除后，运动员的思维更加合理、积极，最终摆脱困扰。此后，还应继续巩固积极因素，以使稳定情绪可以延续更长的时间。

（七）意志品质的优化

培养与优化篮球运动员良好的意志品质主要是通过帮助运动员建立正确的体育意识、精神和在具体训练实践中不断强化实现的。

一方面，发展篮球运动员专项运动所需的各种情绪、意志品质，帮助篮球运动员调整心态，以便于其在面对各种训练和比赛情况时，都能熟练地掌握与运用各种心理自我控制、调节的策略与手段，正常发挥技战术水平。

另一方面，通过反复地强化练习与训练。例如，在困难的情况下、艰难的环境中坚持训练，提高运动员在艰苦状态下完成训练和比赛的意志品质。

（八）集体意识的发展

篮球运动员集体意识的发展具体可采用以下方法促进：

第一，确立团体的道德准则。通过建立团队准则，规定队员在团体里的思想和行动。

第二，保持良好的团队情绪。团队的情绪状态是心理气氛的特殊形式，好成绩和胜利能使整个团体产生一种满足，增强集体信念；失败也同样可以增添力量，但是，这需要分析失败的原因，众志成城、奋力拼搏。

第三，通过说服、疏导及其他方面的工作逐步形成和加强。

第四，在开展运动队的工作时，抓好骨干力量和核心队员的培养。

第五，协调队员之间的关系，重视团队之间的人际沟通，减少团体冲突与竞争。

第三节　篮球运动员智能训练方法设计

一、篮球运动智能构成要素

（一）认知能力

1. 认知的概念

实际上，认知与认识的意思基本相同，只不过认知的程度更深，是一种对事物更加深层的认识，具体可以指对作用于人的感觉器官的外界事物进行信息加工的过程。

2. 认知与运动的关系

认知与运动训练是相互促进的。这主要是因为一旦运动员拥有良好的认知能力，他便可以对外界事物有更加准确的判断，对训练信息的获取也更加敏感，进而可使运动员更加快速和熟练地掌握各种篮球运动技能，并能顺利把握其中的技术重点和战术难点，如此对完成训练任务会有较大的帮助。

此外，认知与运动关系的地方在体现在包括篮球运动在内的运动项目还反作用于运动员的认知提升。这主要是由于运动员在运动过程中必须要对不稳定的事物、多方面的运动信息等做出及时反应、感知和判断，然后根据这些信息调整自己的身心状态，从而更好地完成训练或比赛。这样就使那些长期参与训练的运动员变得灵活、敏锐，充分锻炼人的判断能力、记忆能力和思维能力，由此使他们的认知能力获得提高。

3. 篮球运动员的良好认知表现

（1）对抗想象力

篮球运动中运动员的对抗想象力主要是运动员对比赛中双方攻防转换趋势的一种预判。对抗想象力较强的运动员可以在比赛中提前预判对手的攻防趋势，并就预判结果做出提前准备。

（2）有意记忆程度

记忆是学习技能中较为重要的一项基础技能，这点对于篮球运动技能学习来说也同样重要。良好的记忆能使运动员在更快的时间内从运动技术形成过程过渡到自动化阶段。

（3）攻守思维能力

攻守思维能力会影响篮球运动员在对抗中采取何种应对措施。拥有这种能力可以使运动员在比赛中更容易根据场上形式把握攻防节奏。

（4）战术意识水平

战术意识水平对于篮球运动员来说至关重要。这主要是因为篮球运动的节奏较快，场上形势瞬息万变，如此对于战术运用的要求就很高，而运动员如果能够根据场上的攻守态势自觉选择恰当的战术实施是非常不易的，这就需要依靠战术意识水平。

（5）战术领悟能力

每场比赛的赛前与赛中教练员都会布置大量的战术，然而执行战术的是运动员，所以就需要运动员拥有良好的领悟战术的能力，以便完美达成各种战术意图。

（二）对抗表现力

篮球对抗性强，球员在比赛中经常要进行各种形式的对抗，而全面对抗的能力如何也就体现出球员竞技水平的高低。总的来看，篮球运动员的对抗表现力主要表现在以下方面。

1. 对制胜规律的把握

任何一项体育运动都有其制胜规律，篮球运动也不例外，而要想准确把握篮球运动的制胜规律，需要运动员具备较强的思维能力，使比赛局面掌控在自己或本方的控制之内。

2. 战术创新能力

篮球运动对球队战术的要求较高，且许多战术的设计极为精妙，体现出了高超的战术美感。然而无论是多么精妙的战术，其制订的基础仍旧是几类基本战术。为此，就需要在这些基础之上进行战术创新，使战术变得丰富起来。篮球战术的创新要随着比赛条件与时机的不同而灵活改变。

3. 技战术运用能力

技战术最终是要在比赛中运用出来的。比赛中的环境充满了变数，对抗强度也更大，在这种环境下能否将技战术运用出来就需要依靠技战术的实战运用能力了。篮球运动员只有正确运用各种技战术，创造性地运用各种技战术，才能稳定发挥、出奇制胜。

（三）临场反应能力

篮球比赛中的局面是多变的，比赛中会出现很多出乎预料的情况，再细致的计划，再充分的准备都不能将各种问题涵盖其中，要想在这种情况下稳定住局势，就需要运动员具有良好的临场反应能力。这个能力也是篮球运动员心智能力的重要内容。

篮球运动员的临场反应能力主要包括以下几方面的内容。

1．先天反应能力

临场反应能力与运动员的先天反应能力有着直接关系，不过先天反应能力稍弱的运动员也可以通过后天的专业化训练加以提升。

2．重点动作记忆能力

这种能力着重表现在能够迅速记住动作中的关键点，如此有利于运动员更好地掌握正确的动作，并能在激烈的对抗中将动作稳定做出。

3．对对手行为的预判能力

这种能力的形成往往在技战术养成过程的最后一个阶段，即自动化阶段后才会出现，并且随着运动员参加训练和比赛的经历越发丰富，这种预判能力就越发得到提升，从而能够先于对手对下一步行为做出反应，占得竞技的先机。

（四）解决攻守能力

攻守能力的提升主要依赖于运动员的观察能力与对场上形势的分析能力。

1．观察能力

观察能力主要包括三个部分：对对手技战术特点的观察、对对手习惯的跑动路线的观察、对对手内心活动的观察。如果能够在比赛中将上述三点观察准确，则基本能掌握对手的特点与比赛方式，进而获得比赛的主动权。

2．分析能力

所谓的分析能力主要是对篮球比赛规律、对手特点、战术风格等的分析，包括赛前对对手的研究分析，以及赛中对场上形势的临场分析。充分了解这些内容，有助于技战术的针对性实施。

二、篮球运动智能训练的常用方法

在现代篮球的智能训练中常用的方法如下。

（一）基础知识掌握法

第一，重视对篮球运动员基础理论知识的传授，如运动的基本概念和基本原理、与篮球运动紧密相关的科学原理等，以促进篮球运动员思维能力、知识运用能力的提高。

第二，采用多种教学方法，引导篮球运动员学会运用分析、比较、综合、概括、判断、推理等思维形式来认识和解决问题，发展其综合智力水平。

第三，理论联系实际，教练员使用多种教学或训练手段，使运动员在学习中获得更加直观的知识表象，并且与实际技能相关联，以此提高运动的实战能力与应用能力。

（二）专项理论强化法

第一，对运动员进行与篮球运动相关的其他学科的理论知识和实际技能的培养，这些学科主要包括运动心理学、运动医学、运动生物力学等。运动员通过学习这些相关学科可以发展思维，增强专项理论知识储备的能力，进而促进整体运动水平的提高。

第二，培养运动员对篮球场地以及比赛所需使用的器材、设备的使用能力，加强运动员对运动规则以及裁判方法知识的学习，提高运动员在训练和比赛中对这些知识的合理、灵活运用。

第三，重视篮球运动员对训练计划、自我训练监督等知识的掌握，使运动员在训练中能够给予更多的主观能动性。

（三）实战经验积累法

第一，教练员的作用非常重要，他不仅要在日常的训练中予以技战术方面的指导，还需要在比赛过程中做好场外指挥工作。因此，教练员就要善于引导运动员认识运动训练的本质和规律，启发运动员对篮球运动的各种思考，并在实战中鼓励运动员，赛后启发他们对比赛中得失的衡量，以此实现对比赛经验的积累，进而提升篮球运动智能。

第二，教练员要注意培养运动员对训练计划与安排的主观参与感，使运动员意识到训练组织并不仅仅是教练员的工作，自己也是运动训练的参与者与制订者，以此来提高他们的分析、思维、统筹等能力。

第三，通过模拟比赛获得实战经验，使运动员能够更好地将理论与实践联系起来，促进他们的理论指导实践能力以及适应力的提高。

第九章　篮球体育运动的安全营养保健

第一节　篮球运动的合理营养补充

一、篮球运动的科学营养

（一）营养概述

营养是一种系统全面的生理过程，这个过程从人体摄取外界食物开始，经过消化、吸收和代谢，最后利用食物中对身体健康有益的物质来维持生命活动。

营养素是指人类为维持生命活动而摄取的外界食物中的养分。营养素是人类维持生命活动、促进健康发展的最根本物质。如果未均衡吸收营养素，就会对人体健康水平与活动能力造成不良影响。人体需要补充的营养素有六大类，分别是水、糖类、脂肪、蛋白质、矿物质和维生素。

1. 水

水是人类维持生存的重要营养素，人类离开水将无法生存。人体内含量最多的成分就是水，水约占成人体重的 2/3。如果人体内缺水，就会影响正常的生理功能。水的营养功能主要体现在以下几个方面：

第一，水能够使腺体分泌保持正常。

第二，水参与人体正常的代谢过程。

第三，水能够调整并维持正常的体温。

人体所需水的主要来源是饮料和食物。通常，成人每天需要补充的水分是 2000～2500 毫升，学生在篮球运动中补充水分的量具体要以年龄、气候和运动强度等情况为依据。

2. 糖类

糖类又被称为"碳水化合物"，碳、氢、氧是糖类的主要构成成分。根据糖类分子结构的差异性划分，可以将糖类分为单糖、双糖和多糖三大类。单糖包含半乳糖和葡萄糖；双糖包含蔗糖、麦芽糖和乳糖；多糖包含纤维素、淀粉、糖原和果胶。糖类的营养功能主要体现在以下几个方面：

第一，糖类提供机体所需的能量，维持机体正常的生理活动。

第二，糖类有利于有效吸收和利用蛋白质。

第三，糖类能够构成细胞和神经，具有重要的作用。

日常主食、蔬果、饮料和甜品中含有大量的糖类，能够满足人体正常的生理功能需要。

3. 脂肪

组成脂肪的几种主要元素是碳、氢和氧，作为人体重要的组成成分，脂肪在人体内具有举足轻重的作用。脂肪的营养功能主要表现在以下几个方面：

第一，脂肪是构成人体组织细胞的重要成分。

第二，脂肪包围在人体器官周围充当脂肪垫，主要用来保护人体器官和神经，以免器官和神经受外伤。

第三，脂肪能够维持人体体温，并可以有效保护人体的内脏器官。

肥肉、乳酪、奶油及蛋黄等动物性食物是脂肪的主要来源。除此之外，大豆、芝麻、花生等植物性食物中也含有较多的脂肪。

4. 蛋白质

蛋白质是一切生命的基础，是构成细胞的主要成分。蛋白质的主要构成元素有氧、碳、氢和氮。根据食物蛋白质的营养价值划分，蛋白质可分为三大类，即完全蛋白质、不完全蛋白质和半完全蛋白质。蛋白质的营养功能主要表现为以下几个方面：

第一，蛋白质是构成和修补机体组织的重要物质，保证机体正常的生长发育。

第二，糖类和脂肪不能完全提供机体需要的能量时，蛋白质能够补充一定的热量。

第三，蛋白质可以构成抗体，抗体具有免疫作用，能够增强机体抵抗细菌和病毒的能力。

蛋类、豆制品、肉类、坚果、乳制品等食物是蛋白质的主要来源。一般来说，动物性蛋白质要比植物性蛋白质更优质。锻炼强度和年龄等因素影响人对蛋白质的摄入量。

5. 矿物质

矿物质也被称为"无机盐"，主要包括两大类：一类是含量较多的常量元素，包括钙、钠、磷、镁、氯、钾、硫等；另一类是含量较少的微量元素，包括铁、锌、碘、铜、硒、镍、钼、氟、钴、铬、锰、硅、锡、钒等。矿物质的营养功能主要表现在以下几个方面：

第一，矿物质是构成机体组织的重要成分。

第二，矿物质能够保持机体内的酸碱平衡。

第三，矿物质有利于合成与利用机体内的其他营养物质。

奶和奶制品是矿物质中的钙的主要来源；动物内脏（特别是肝脏）、血液、鱼、肉类是铁的主要来源；动物性食物是锌的主要来源。

6. 维生素

维生素也称"维他命"，维生素是维持机体健康所必需的营养素。维生素主要分为两大类，一类是脂溶性维生素，包括维生素 A、维生素 D、维生素 E、维生素 K 等；另一类是水溶性维生素，包括维生素 C 族、维生素 B 族。维生素的营养功能主要表现在以下几方面：

第一，维生素 A 的功能主要是健齿、健骨、润肤、助消化等。

第二，维生素 B_1 能够有效促进能量代谢及糖代谢生成 ATP。

第三，维生素 C 具有抗氧化、缓解疲劳、缓解肌肉酸疼等作用。

动物的肝脏、深绿色或深黄色的蔬菜、红色或黄色水果、蛋黄等是维生素 A 的主要来源；米、面、核桃、花生、芝麻和豆类等粗粮是维生素 B_1 的主要来源；水果、叶菜类、谷类等是维生素 C 的主要来源。

（二）篮球运动的营养需求

1. 水

一般情况下，当人体出现口渴时，就已经丢失了 3％ 的水，这时机体处于轻度脱水的状态。机体脱水容易造成运动能力下降，所以要提前进行补水。

学生进行篮球运动主要分为以下三个阶段补水。

（1）课程前补水

学生要根据课程情况、气候和自身的情况进行运动前补水，这是很有必要的。课前补水可以防止运动过程中发生脱水现象。一般认为学生在进行篮球运动前 2 小时饮用 0.4~0.6 升的含电解质和糖的饮料，或篮球运动前补 0.4~0.7 升的水较为适宜。补水要遵循少量多次原则。

（2）课程中补水

学生在篮球运动中的补水量要根据出汗量来确定，通常，运动中的补水总量不超过 0.8 升/秒。总补水量不超过总失水量的 50%~70%，如果学生篮球运动时间不超过 1 小时，只需要补充纯净水。

（3）课程后补水

很多学生在篮球运动中补水不足，因此在课程后的补水就显得很重要。课程后适宜补充含糖的饮料或水，有利于恢复血容量。课程后不能大量补水，补充大量水分会使出汗量和排尿量增加，从而使人体的电解质加速丢失，对肾脏和肝脏造成重大负担，造成胃扩张，对呼吸不利。

2．能量

学生进行篮球运动要消耗大量能量，因此，学生每日不仅要摄入满足正常生理发育的能量，而且要补充篮球运动中消耗的能量。篮球运动的负荷越大，就会消耗越多的能量，摄取的膳食能量也应随之增加。

身体素质训练是篮球运动必备的。通常学生在进行身体素质训练中的耐力练习时消耗的能量较多，因此需要供给较多能量。学生进行中等强度的耐力运动超过 30 分钟，肌糖原消耗接近耗竭，但氧供应仍然充足，这时机体开始动用大量脂肪分解供能。因此，学生进行篮球运动中的有氧耐力训练时，应补充含有充足糖和脂肪的食物。

学生在进行篮球运动期间，饮食中脂肪的供给要适量。过多食用脂肪会影响人体吸收蛋白质和铁等营养素，而且脂肪不易消化，会在胃内停留过长时间，从而影响运动。学生参加篮球运动时，膳食中脂肪含量在 25%~30% 较为适宜。

糖是学生进行篮球运动的主要能量来源，学生的耐力与体内肌糖原水平是正相关关系。肌糖原水平低，学生在篮球运动中易疲劳。因此，学生要注意补充糖。

补糖的特点因篮球运动性质不同而不同。若学生进行短时间、低强度的篮球运动，则不需要补糖；若进行超过80分钟、大强度的篮球运动，则需要补糖。运动前补糖的时间主要集中在15分钟前、2小时或2小时前；运动中补糖可以提高血糖水平，延缓运动中出现的疲劳；运动后补糖可以促进糖原的恢复。

3. 蛋白质

学生在篮球运动中需要补充的蛋白质量与下列因素有关。

第一，篮球运动的状态。学生在大运动量的篮球运动初期，由于细胞损伤增加，因此要增加蛋白质补充量。

第二，篮球运动的类型、强度、频率。长时间剧烈的篮球运动非常考验耐力，会加强蛋白质代谢，从而要增加蛋白质补充量。

第三，热能短缺和糖原储备不足时，将增加蛋白质的补充量。

第四，学生如果要减轻体重和控制体重，需要适当补充蛋白质营养密度高的食物。

学生在进行篮球运动过程中，要注意保持蛋白质营养的"正平衡"状态，同时蛋白质的补充量要根据体育训练的不同类型而有所变化。学生进行力量训练时，蛋白质供给量是每日总能量的15%～18%，力量训练时蛋白质的供给有利于强壮骨骼肌和增加肌肉力量。进行其他形式的练习时，蛋白质供给量一般是每日总能量的14%～16%。

4. 维生素

维生素的主要作用是维持和调节机体正常代谢。人体内无法合成或者不能充分合成大部分维生素，体内的维生素无法满足人体需要，因而需要通过食物摄取。学生如果在日常饮食中缺乏维生素的补充，就会影响身体健康水平，出现维生素缺乏症。因此参加篮球运动课程的学生要保证饮食中维生素的充分供应，以提高自身的运动能力。

二、膳食平衡

(一) 膳食平衡的原则

膳食平衡是指膳食中所包含的各种营养素和热量要比例适当、种类齐全、能够满足机体的各种运动所需的营养。如果运动者膳食补充不平衡,则会影响机体正常生理功能的发挥,严重者会出现相应的营养缺乏或是营养不足症状。膳食平衡原则应做到以下三点。

1.　全面性

全面性原则要求,在膳食方面各种营养素的摄取应全面。人体需要的营养素众多,包括蛋白质、脂类、碳水化合物、维生素、无机盐、水、纤维素等。这些营养素都对人体具有独特的作用,如果有所欠缺,就会影响人体的某项生理功能。因此,运动者的日常饮食一定要全面,避免食物的单一化和长期固定化。

2.　平衡性

平衡性是指各种营养素的供给应与人体之间形成相对的平衡,供应量既不能过剩也不能短缺。篮球运动训练的负荷相对较大,因此应注重高能量食物的补充;对于女性而言,要更加注重铁的补充。在不同的季节和不同的训练强度下,应适当调整饮食。营养摄入过少,不能满足需要,会导致营养不良性疾病;摄入过多,既是浪费又对机体产生负担,导致营养过剩性疾病。

3.　适当性

适当性原则是指各营养素之间的搭配要适当。饮食之间进行合理搭配能够更好地促进人体营养素的吸收和利用。在日常饮食中,要注重蛋白质、脂肪和碳水化合物之间的搭配,荤素比例适当。膳食的适当性原则还要注重主副食品的搭配,并慎重服用营养保健品。

(二) 膳食平衡的具体要求

1.　各种营养素和热量摄入的平衡

营养专家认为,人们从膳食中摄取的各种营养素在一定时期内应保持在一定的标准范围内。中国营养学会制定了相应的营养素每日供给量标准,运动者应该根据其调整食物的搭配和供应。

糖类、蛋白质、脂肪均能给机体提供热量,故称为热量营养素。糖类、蛋白质、脂肪三者摄入量的合适比例为 6.5 : 1 : 0.7。另外,运动者不仅要注重三大能源物质的供应,还要注重维生素、矿物质的补充。

2.酸碱平衡

人体的各部分都会有相应的酸碱度，一般情况下人体的各部分的 pH 值保持在相应的位置，如果饮食搭配不当，酸碱不平衡，会导致人体的酸碱失衡。篮球运动训练的负荷量相对较大，在运动之后人体可能会产生相应的酸性代谢物质，因此，在饮食中应该注重碱性食物的搭配。常见的酸性食品和碱性食品如下。

(1)酸性食品

动物类：鸡肉、鲤鱼、猪肉、牛肉、鳗鱼、蛋黄。

植物类：大米、面粉、花生等。

(2)碱性食品

蔬菜类：海带、菠菜、萝卜、南瓜、黄瓜、四季豆、藕等。

水果类：西瓜、香蕉、苹果、草莓等。

3.氨基酸平衡

世界卫生组织提出了人体所需的八种必需氨基酸的构成比例，见表 9－1。食物中所含的氨基酸的比例与表中的比例越接近，其越能够更好地被人体所吸收利用，其营养价值也相对越高。但是多数食品的氨基酸的构成具有一定的不平衡性，这在一定程度上影响了人体的摄取。

表 9－1　人体必需的八种氨基酸

氨基酸	蛋白质（毫克/克）
异亮氨酸	40
亮氨酸	70
赖氨酸	55
蛋氨酸＋胱氨酸	35
苏氨酸	40
色氨酸	10
缬氨酸	50
苯丙氨酸＋酪氨酸	60

三、学生参加篮球运动的合理膳食营养

(一)膳食的合理构成

第一，膳食应注重多样性，以谷类为主。谷类和薯类、动物性食物、豆类及其制品、蔬菜水果和纯热能量食物所含的营养成分不完全相同,因此,要注重食物的多样化。谷类食物的表皮中含有大量的维生素和矿物质,因此,为了防止这些食物表层营养物质的流失,要避免碾磨得过于精细。

第二,每天吃奶类、豆类或其制品。奶类和豆类食品除了含有较高的蛋白质和维生素之外,还含有丰富的钙,具有较高的利用效率。

第三,多吃蔬菜、水果和薯类。人体的各种维生素和矿物质的主要来源是蔬菜和水果,这些食物对心血管的健康以及人体的抗病能力的增强都具有重要的作用。

第四,经常吃适量的鱼、禽、蛋、瘦肉,少吃肥肉和荤油。鱼、禽、蛋、瘦肉等动物性食物是人体优质蛋白、脂肪、脂溶性维生素、B 族维生素和矿物质的主要来源。但需要注意的是,肉类食物不宜摄入过多,否则可能造成人体的肥胖。

第五,吃清淡少盐的膳食。一般认为,每人每天的食盐摄入量不宜超过 6 克,这对于心血管功能的正常活动具有重要作用。吃了太咸、太油腻的食物会增加心血管疾病的发病率。

第六,食量与运动量的平衡,保持适宜体重。在篮球运动之后,人体对能量的需求会相对增加,如果能量供应不足,会造成人体的消瘦和抵抗力的下降;反之,则会造成人体的肥胖。因此,应保持食量和能量消耗的平衡。

(二)“4+1 营养金字塔”

为了保证人们日常营养摄入的合理性,营养专家提出了“4+1 营养金字塔”食物指南。

第一层即底层,是最重要的粮谷类食物,它在人们的日常饮食中所占的比重最大。一般成年人的每日粮豆类食物摄取量为 400～500 克,粮食与豆类之比为 10∶1。

第二层是蔬菜和水果,在金字塔中占据相当的地位。每日蔬菜和水果摄入量为 300～400 克,蔬菜与水果之比为 8∶1。

第三层是奶和奶制品,以补充优质蛋白和钙,每日摄取量为 200～300 克。

第四层为动物性食品,主要提供蛋白质、脂肪、B 族维生素和矿物质。禽、肉、鱼、蛋等动物性食品每日摄入量为 100～200 克。

塔尖是膳食中放入少量的盐和糖类。

第一、二层的碳水化合物食物应提供人体所需能量（热量）的 65％；第三、四层食物中的脂肪应提供人体所需能量的 25％，这两层中的蛋白质应提供人体所需的剩余能量，约占人体总能量的 10％。

四、学生参加篮球运动的膳食建议

(一)合理安排一日三餐

1. 时间安排

人的日常三餐应保持固定，这样对于肠道的消化和吸收有利。一般两餐之间的间隔时间在 5 小时左右。每次吃饭的时间也应合理安排，既不能太快也不能太慢。

2. 热能安排

一般早餐占全天总热量的 30％左右，午餐占全天总热量的 40％～45％，晚餐占全天总热量的 25％～30％。

(二)培养良好的个人饮食素养

第一，每天热量结构建议碳水化合物占总热量的 60％～70％，蛋白质占总热量的 10％～15％，脂肪占总热量的 20％～25％。

第二，用餐环境保持安静、清洁，不吃街头无食品卫生许可证摊贩的食品；购买食品时应注意保质期。

第三，在饮食上还要注意营养卫生，少吃太咸、太油腻的食物，以及油炸和烟熏的食物。

第四，增强自身对于营养和保健知识的认识和了解，讲究合理的膳食结构，掌握好搭配和比例。慎重服用保健类和营养类药物。

(三)合理加餐

篮球运动对于人体的能量消耗较多，因此，可考虑适当加餐。加餐的事物摄入量不宜过多，而且要以碳水化合物为主。加餐应保证不影响正常的三餐饮食。

五、篮球运动前后的饮食注意事项

在篮球运动前后，应注意以下几方面的饮食问题。

(一)避免空腹时的大量运动

在空腹的情况下,人体的血糖含量会相对降低,在运动过程中可能会产生头昏、四肢乏力等症状,严重者甚至会产生昏厥。空腹运动训练也可能会产生腹痛,还会抑制消化液的分泌,降低消化功能,容易发生意外。

(二)饭后不大量运动

在饭后,人体的消化器官需要大量的血液供给,这时候进行运动训练会导致消化系统的血液流量减少,从而影响人体对食物的消化和吸收。如果在饭后进行大量的运动,会影响肠胃的蠕动,产生胃痉挛、呕吐等症状。因此,运动者应在饭后过一段时间再进行运动训练,一般可在饭后1.5～2小时后进行。

(三)运动中不大量饮水

在篮球运动中,由于运动量巨大,人体的出汗量也会较多,会引起人体的缺水。在补水时应注意控制饮水的量,采取少饮多次的方法来补水。可饮用功能性饮料,补充人体流失的矿物质。

如果饮水量过多,会使胃部膨胀,妨碍膈肌活动,影响正常呼吸,并对肠胃、心脏有害。在运动中大量饮水,会使得人体的盐分丧失增多,从而导致人体出现四肢无力、抽筋等现象。在训练过程中,口腔和咽喉黏膜的水分蒸发或尘埃刺激、空气干燥以及唾液分泌减少等原因也可能导致口渴,在这种情况下可用水漱口的方法来缓解口渴。

(四)运动前不吃油腻或过咸食物

油腻食物不容易消化,肠胃需要更多的血液来帮助消化,肝脏也会分泌大量的胆汁。这会造成腹胀,并且影响运动器官的血液供应。

在运动训练之前,食用过咸的食物会造成口干舌燥,如果大量饮水会影响运动的效果。

第二节 篮球运动的疲劳与消除

一、运动性疲劳的概念

运动性疲劳是机体生理过程不能持续其机能在一特定水平,或各器官不能维持预定的运动强度的现象。

二、运动性疲劳的外周机制

外周疲劳发生于神经肌肉接点至骨骼肌收缩蛋白。不同强度、时间、运动形式所产生的疲劳机制是不同的,因此提出了许多有关运动性疲劳产生机制的学说,如能源衰竭学说、离子代谢紊乱学说、自由基致损伤学说、保护性抑制学说、突变学说等。

(一)能源衰竭学说

能源衰竭学说认为运动过程中体内能源物质大量消耗而得不到及时补充是产生疲劳的主要原因。运动性疲劳与能源物质消耗过多密切相关,且运动强度、时间不同,消耗的能源物质不同。

第一,在短时间大强度的运动中,机体的主要能源 ATP 和 CP 在肌肉中含量很低,仅能供应 10 秒以内的大强度运动。

第二,在中等强度的运动中,机体主要靠糖酵解和有氧氧化混合供能,由于人体肌肉中糖原含量仅 $200\sim400$ 克,以酵解方式供能仅能维持 1 分钟。

第三,而在长时间运动中,机体主要以糖和脂肪的有氧氧化功能为主,肌糖原的耗竭会随着练习强度的增加而增加,人体工作能力的下降往往伴有血糖浓度的降低,补充糖有助于工作能力的提高。

(二)离子代谢紊乱学说

运动时,离子代谢紊乱可以导致运动性骨骼肌疲劳的产生,影响运动性疲劳的主要离子有 Ca^{2+}、K^+ 和 Mg^{2+}。

1. Ca^{2+} 与运动性疲劳

Ca^{2+} 代谢异常是引起肌肉结构和肌肉机能变化,从而导致运动性疲劳产生的重要因素之一。运动中 Ca^{2+} 的增加对运动性疲劳的产生主要表现在以下两个方面:

第一,Ca^{2+} 的过度增加可以激活磷脂酶(PLA2)中性蛋白水解酶、溶酶体酶等,造成骨骼肌的结构和功能破坏,从而导致运动性疲劳。

第二,细胞 Ca^{2+} 增加时,主动摄入 Ca^{2+} 的线粒体会抑制其自身氧化磷酸化,使氧化磷酸化脱偶联,减少 ATP 的生成,造成运动能力下降。

运动产生的 Ca^{2+} 的积累可能减弱甚至阻止 T 管活动,阻碍肌丝滑行的完成;运动衰竭时,心肌与腓肠肌的肌球蛋白 Ca^{2+}-ATP 泵活性会明显降低,Ca^{2+}失衡;在长时间的运动中,运送到肌浆网状组织中的 Ca^{2+} 会减少,不能满足运动需要,使机体产生疲劳;长时间运动所引起的能量下降是因为 Ca^{2+} 不均衡导致的。

2. K^+ 与运动性疲劳

一方面,细胞内 K^+ 的流失会因运动中细胞持续兴奋而不断增多。力竭时,细胞内、外 K^+ 浓度比会由 40 下降到 20,影响正常动作电位的形成,从而导致肌张力降低,产生疲劳。

另一方面,钾含量的下降可能减少体内葡萄糖的利用,抑制胰岛素分泌,减少骨骼肌糖原贮备,从而导致运动能力下降,引发疲劳。

3. Mg^{2+} 与运动性疲劳

镁在糖、脂肪、蛋白质等的代谢中发挥着至关重要的作用,是机体内许多关键酶的辅助因子。

细胞内 Mg^{2+} 可以参与细胞 Ca^{2+} 浓度的调节,抑制线粒体摄取 Ca^{2+}。

运动中,细胞 Mg^{2+} 含量的下降对运动性疲劳的影响表现在以下两个方面:

第一,使许多关键酶活性降低,导致细胞代谢障碍,引发疲劳。

第二,引起 Ca^{2+} 代谢紊乱,降低运动能力,导致机体疲劳。

(三)自由基致损伤学说

自由基是指游离在外层轨道带有不成对电子的离子、原子、分子等物质,如氧自由基、羟自由基、过氧化氢、单线态氧等。

自由基在人体的存在是利弊参半的。在生理浓度的条件下,自由基在生物体内是有利的,如使纤维细胞增殖,调节血管舒张,杀菌等;另外,自由基可以与不饱和脂肪酸发生脂质过氧化反应生成过氧化物,过氧化物对细胞具有毒性作用。自由基过多会导致核酸受损、蛋白质交联或多肽断裂,使代谢酶因交联聚合而失去活性。

氧自由基与运动的关系最为密切。正常情况下,人体内氧自由基的产生和清除是平衡的。但是,一旦产生氧自由基过多或抗氧化系统出现故障,其代谢就会出现失衡。自由基的失衡会导致机体细胞损伤,引发心脑血管疾病、白内障、糖尿病、炎症、癌症等疾病和衰老现象。运动时,氧自由基的增加是导致运动性疲劳发生的一个重要因素。

运动前,给机体补充适当的抗氧化剂能够有效地降低运动后的脂质过氧化程度,延缓疲劳的出现。

(四)保护性抑制学说

体力的疲劳和脑力的疲劳均是大脑皮质保护性抑制发展的结果。运动时,神经细胞长期处于兴奋状态,导致"消耗"增多,当消耗到一定程度时,为了避免细胞的进一步消耗,机体就会产生保护性抑制,即出现运动性疲劳。

当手指拉起重物达到疲劳时,用电刺激屈指肌,手指又能拉起重物。疲劳的产生并不是肌肉本身的疲劳,而是中枢抑制的结果。

γ-氨基丁酸是中枢抑制性介质,大脑中 γ-氨基丁酸的水平可以反映抑制的程度。长时间运动后,大脑中 γ-氨基丁酸含量会显著增加,代表大脑中保护性抑制的发展。

(五)突变学说

肌肉疲劳的突变理论改变了以往用单一指标研究运动性疲劳的缺陷,从能量代谢、肌肉力量、兴奋性或活动性等方面综合分析了疲劳产生的原因。

突变理论把疲劳的产生和细胞内能量消耗、肌肉力量下降和兴奋性与活动性丧失三者之间的关系连接起来,描述了疲劳发生的途径主要包括:

第一,在运动性疲劳中,机体只是单纯的能量消耗而不存在兴奋性丧失。例如,运动性疲劳出现后,机体的 ATP 水平会下降,即使继续运动下去,不会出现肌肉中的 ATP 下降至零的现象。

第二,疲劳可能是能量消耗和单纯兴奋性丧失两个方面的综合表现。

第三,综合能量消耗和兴奋性的平衡丧失,但没有突变。

第四,能量消耗和兴奋性丧失的衰变存在一个急剧下降的突变峰,即兴奋性突然崩溃,目的在于避免能量贮备进一步下降而产生灾难性变化,并伴随输出功率或力量的突然衰退,这是疲劳突变理论的核心。

从疲劳控制链的角度来看,一个(或几个)环节的中断都会相应地引起某种运动性疲劳,但并不是所有形式的运动性疲劳都一定伴随着疲劳控制链中一个(或几个)环节的中断。目前,用疲劳突变来解释疲劳虽然建立在大量实验结果的基础上,但是它还只处于纯理论阶段。

三、篮球运动产生疲劳的恢复措施

运动疲劳是体内多种因素综合变化的结果,要想使其恢复的速度和效果更为理想,就要求采用多种科学手段,否则达不到预期的效果。篮球课程运动疲劳恢复的措施有很多,其中,最主要的主要有以下几大类:运动性疗法、传统康复治疗、睡眠、物理疗法、温水浴及冷热水交替浴、心理放松疗法。

(一)运动性疗法

运动疗法是以运动学和神经生理学为基础,利用人体肌肉关节的运动,以达到防治疾病、促进身心功能恢复和发展的方法。它是康复医疗的重要措施之一,要想达到较为理想的恢复效果,就要以运动员的实际情况为主要依据,以运动处方的形式,有针对性地选择适合的运动方法,从而能够确定适当的运动量。具体来说,运动性疗法的具体措施主要有以下两种主要形式。

1. 积极性休息

用变换活动部位和调整运动强度的方式来消除疲劳的方法,就是积极性休息。在休息期间来自左手肌肉收缩时的传入冲动,会加深支配右手的神经中枢的抑制过程,并使右手血流量增加。与安静休息相比较,活动性休息可使乳酸的消除速度增加 1 倍。积极性休息是运动疲劳恢复的重要措施之一,运用也较为广泛,其恢复效果也较为理想。

2. 整理活动

整理活动是指在正式练习后所做的一些加速机体功能恢复的较轻松的身体练习,是消除疲劳、促进体力恢复的好方法,应给予足够重视。如果一个人跑到终点后站立不动,血液会大量集中在下肢扩张的血管内,使静脉回心血量减少,因而心输出量下降,致使血压降低而造成暂时性脑贫血,会引起一系列不适感觉,甚至出现"重力性休克"。在剧烈运动后进行整理活动的主要意义在于,其不仅能够使心血管系统、呼吸系统仍保持在较高水平,而且对于乳酸的排除也有非常积极的促进作用。

一般整理活动应包括慢跑、深呼吸、体操、肌肉放松练习、静力牵伸练习等内容。肌肉静力牵伸练习对缓解运动后的肌肉紧张、放松肌肉、预防延迟性肌肉酸痛、消除肌肉疲劳、保持和改善肌肉质量都有良好的作用。总的来说,整理活动具有及时放松肌肉,避免由于局部循环障碍而影响代谢过程,因而延长恢复过程的重要作用。但是,为了能够保证理想的恢复效果,在做整理活动时需要注意量不要大,尽量缓和、放松,使身体逐渐恢复到安静状态。

(二)传统康复治疗

传统康复治疗技术主要包括针灸、拔罐、推拿按摩、中药熏蒸等非药物疗法,这种治疗方法主要是通过调整人体的阴阳平衡、调节脏腑功能、疏通经络、调和气血、升降气机,达到消除疲劳、祛除致病因素、修复损伤、增强抗病能力和强壮脏腑功能等目的。

在传统康复治疗的措施中,运用较为广泛的是气功。气功是一种自我调节、自我控制的锻炼形式。气功练习对于运动疲劳恢复的作用主要表现在以下几方面:

第一,气功练习能够使抵抗能力有所增强。

第二,气功练习能帮助"放松",消除紧张状态,使交感神经系统的活动减弱,血管紧张素分泌系统发生变化,调节血压,使血运加快、皮温升高、红细胞和血红蛋白有所增加,白细胞吞噬能力提高,血皮质醇减少。

第三,通过脑电图检查证实,气功练习对大脑皮层起保护性抑制作用。

第四,气功可使骨骼肌放松,心跳减慢,耗氧量减少。

(三)睡眠

睡眠是最好的消除运动疲劳,恢复机能的治疗方法。人在睡眠时感觉减退、意识逐渐消失,机体与环境的主动联系大大减弱,失去了对环境变化的精确适应能力,全身肌肉处于放松状态。通过睡眠使精神和体力得到恢复,通常情况下,成年人每天需要睡眠 7~9 小时,儿童少年大约需要 10 小时。对于存在运动疲劳的运动员,睡眠时间可能需要更多一些,但并不是越多越好,应根据他们的疲劳程度确定适当的睡眠时间。

(四)物理疗法

应用天然的或人工的物理因子,如光、电、声、磁、热、冷等作用于人体,引起局部或全身的生理效应,从而起到康复和提高机能的治疗方法,就是所谓的物理疗法。物理疗法的形式有很多种,比如常见的电疗、光疗、水疗、冷疗、蜡疗、超声波疗、热疗、磁疗以及生物反馈等治疗。

蜡疗的运用范围较为广泛,以此为例,来介绍物理疗法。蜡疗的主要特点是:热容量大,导热性小,几乎无对流现象。石蜡有很高的蓄热性能,在冷却过程中可释放大量热能。石蜡用于治疗的作用主要表现为两个方面:一个是温热作用,皮肤能耐受 60～70℃的石蜡而不被烫伤;另一个则是机械压迫作用,对肌腱挛缩有软化、松解作用。因此,蜡疗的主要作用为:防止淋巴液渗出,减少水肿,促进渗出液吸收,扩张毛细血管和增加血管弹性。

(五)温水浴及冷热水交替浴

消除肌肉疲劳的一种最简单的方法,就是沐浴。通过沐浴,能够对血管扩张产生刺激,对血液循环和新陈代谢起到积极的促进作用,使代谢产物排出的速度加快,神经肌肉的营养得到进一步的改善。温水浴水温以 42℃左右为宜,时间为 10～15 分钟,每天 1～2 次。训练结束后 30 分钟可进行温水浴。但是,在应用温水浴时需要注意,为了保证理想的消除疲劳的效果,不能入浴时间过长、次数过频,水的温度也不能过高,否则就会起到相反的作用,加重疲劳。

冷热水浴可交替性地刺激血管的收缩和舒张,更有效地促进血液循环。进行冷热水浴时,热水温度 40℃,冷水温度 15℃,冷水浴时间为 1 分钟,热水浴时间为 3 分钟,交替 3 次。

(六)心理放松疗法

应用心理学的理论、原则和技术,对康复对象的各种心理、精神、情绪和行为障碍或严重的情绪困扰进行矫治的特殊治疗手段,就是所谓的心理放松疗法。行为疗法和合理情绪疗法是常见的两种心理放松疗法,这两种疗法各具特点,作用也有一定的区别。行为疗法又称行为矫正疗法,是 20 世纪 50 年代迅速发展起来的一种重要的心理学的理论和治疗技术,它按照一定的程序,采取正、负强化的奖惩方式,对个体进行反复训练,以消除或矫正适应不良行为的一种心理疗法;合理情绪疗法是以认知理论为基础,结合行为疗法的某些技术,以矫正人们认知系统中非理性的信念,促进心理障碍得以消除的心理疗法。

在训练和比赛之后,采用心理调整放松,能够达到较好的消除疲劳的效果,具体表现为：使神经的紧张程度有所降低，心理的压抑状态得到一定程度的缓解，神经系统的恢复速度也有所加快，这样就能够更好地促进身体其他器官、系统机能的恢复。对身体起作用的心理放松手段很多，其中，心理调整训练、各种消遣和娱乐活动性活动等，是最主要的几种手段。

音乐疗法是心理放松疗法中应用较为广泛的方法之一。从生理角度看，音乐作为一种声音刺激，可通过机体的反射作用迅速产生一系列生理和心理反应。音乐的性质不同、表现形式不同，其对人体的作用也就有一定的差别，具体来说，主要表现在以下几个方面：节奏快而有力的音乐的主要作用是增强心脏功能，改善血液循环；节奏鲜明的音乐的主要作用是使人的精神振奋，心跳加快，心肌张力增加；节奏缓慢、单调重复的音乐的主要作用是使人松弛，并有催眠镇静的作用；旋律优美的音乐的主要作用是使人们的心情愉快、平静，有助于消除运动员的情绪紧张及焦虑。除此之外，音乐的作用还表现为改善注意力，增强记忆力，提高人们对环境的适应力。

第三节　篮球运动性伤病的防治

篮球运动的对抗性特点使得这项运动往往具有更高的伤病风险。不过尽管如此，在开展篮球运动时也应尽全力避免伤病情况的发生。为此，掌握一些篮球运动性伤病的发生原因和应急处理办法就显得格外重要。

一、篮球训练处方的概述和发展

运动处方是针对每个体育锻炼者的具体情况制订的一种处方式的体育锻炼计划。运动处方是当代体育科学发展中的新生事物，具有科学性、实用性、针对性强的特点。

（一）体育锻炼处方的概念

体育锻炼处方是指根据每个准备从事体育锻炼的个体的身心状况而制订的一种定量化的周期性体育锻炼计划。因为给健康者制订的健身方案很像医生开的处方，所以世界各国普遍把处方这个词引用到体育领域。我国通常称体育锻炼处方为运动处方或健身运动处方。

根据 21 世纪运动处方在国内外发展的情况，可以将运动处方理解为：由康复医师、康复治疗师以及体育教师、社会体育健身指导员、私人健身教练等,根据患者或体育健身者的年龄、性别、健康状况、身体素质,以及心血管、运动器官的功能状况,结合主、客观条件,用处方的形式编制对患者或体育健身者适合的运动内容、运动强度、运动时间及频率,并指出运动中的注意事项,以达到科学、有计划地进行康复治疗或预防健身的目的。

按照运动处方进行科学的锻炼,既安全可靠,又有计划性。在有效的运动处方的指导下进行锻炼可以达到下述目的:

第一,增进身体健康。它包括两个方面:一是预防疾病,特别是"文明病";二是改善身体状态,提高对环境的适应能力。

第二,提高身体机能,可以指导锻炼,使肌肉力量、耐力、爆发力,身体的灵敏性、技巧性、平衡性、柔韧性等素质和运动能力加强。

第三,治疗疾病。把运动当作康复疗法的一种手段,严格地按处方进行,可以大大提高运动中的安全感,尽可能少地出现意外事故。

(二)体育锻炼处方的分类

随着运动处方应用范围的不断扩大,运动处方分类的方法也在不断改进,用不同的方法,可将运动处方分为不同的种类。

1.根据运动处方的对象分类

(1)康复治疗性运动处方

用于某些疾病或伤处的治疗和康复,它使医疗体育更加定量化、个别对待化。

这类运动处方的目的是,通过运动疗法帮助患者提高身体机能,缓解症状,减轻或消除功能障碍,恢复肢体功能,尽量提高患者的生活自理和工作能力。康复治疗性运动处方主要用于综合医院的康复科、康复医疗机构,也用于社区康复工作中。

(2)预防健身性运动处方

预防健身性运动处方的对象是全民健身运动的参加者,主要用于健身防病。如人过中年,身体就开始衰退,动脉硬化就慢慢开始了。为了预防动脉硬化,运动处方规定了中等强度的耐力跑,使脂肪和胆固醇等物质不易沉积,从而达到预防动脉硬化的作用。运动处方的主要目的是,指导人们采取适当的体育活动,科学地进行锻炼,以便更有效地提高健康水平、增强体质、预防某些疾病的发生、防止过早衰老等。预防健身性运动处方主要由体育教师、社会体育健身指导员、私人健身教练等人来制订。

2.根据运动处方的锻炼作用分类

(1)全身耐力运动处方

全身耐力运动处方以提高心肺功能为主要目标。按照运动处方进行系统地锻炼,可以缩短患者住院时间,更快地恢复工作能力。除用于急性心梗患者的康复之外,在国外已经广泛用于心血管系统慢性疾病(如冠心病、高血压)、代谢疾病(糖尿病、肥胖病)、长期卧床引起的心肺功能下降等疾病的预防、治疗和康复。

在全民健身计划实行的过程中,全身耐力运动处方被用于科学地指导健身,以提高锻炼者的耐力素质、维持合理的身体成分、消除亚健康状态的症状。

(2)力量运动处方

力量运动处方的主要作用是提高肌肉的力量耐力。在康复医学中,通过运动疗法,即患者主动的肌力锻炼,使"废用性"萎缩肌肉的力量得到提高,肌肉横断面和体积加大,起到改善肢体运动功能的作用。在全民健身运动中,力量运动处方用于指导健身者科学地进行增强肌力的训练,以达到提高力量素质、减缓中年以后肌肉萎缩的速度、预防骨质疏松等作用。

(3)柔韧性运动处方

柔韧性运动处方的作用是提高身体的柔韧性素质。在康复医学中,通过各种主动、被动运动等,使因伤病而受累关节活动幅度尽量保持、增加或恢复到正常的范围。在全民健身运动中,柔韧性运动处方用于指导健身者采用科学的手段和方法,提高身体的柔韧性素质,预防随年龄增长而导致的关节活动幅度下降。

3.根据所锻炼的器官系统分类

(1)心脏体疗锻炼运动处方

它以提高心肺功能为主,主要用于冠心病、高血压、糖尿病、肥胖症等内脏器官疾病的防治和康复。

(2)运动器官体疗锻炼运动处方

它以改善肢体功能为主,用于各种原因引起的运动器官功能障碍,以及畸形的矫正等。

（三）体育锻炼处方的主要内容

根据处方对象的个人情况，明确了处方的目的，完成了相应的功能评定之后，就可以开始制订运动处方了。一个完整的运动处方应包括运动目的、运动项目、运动量和注意事项等内容。

1.运动目的

根据个体不同的身体情况确定运动目标即为运动目的。运动目的具有主观和客观的双重性。主观性表现为对运动的意向、愿望和兴趣，它是以情绪为核心的主观意愿需要。而客观性则更多的是由于健康状况、疾病程度等身体客观状况产生的需求，把运动作为满足机体健康需要的一种手段。运动目的主要有以下方面：一是促进生长发育；二是防治某些疾病，保持健康，延缓衰老；三是增强体质，提高工作效率；四是丰富文化娱乐生活，调节心理状态，提高生活质量；五是学习、掌握运动技能和方法，提高竞技水平。

2.运动量

运动量的大小，取决于多种因素。以持续运动为主的耐力处方与力量处方、柔韧性处方的运动负荷有所区别。运动负荷的大小决定因素，综合起来有以下几个方面。

（1）运动强度

运动强度是运动处方的核心部分，它反映了机体运动时用力的大小和机体紧张度，是运动处方中决定学生运动能力的最主要的因素。运动强度既影响到机体的承受能力，又直接关系到运动锻炼的效果。制定出适合锻炼者特点的量化的强度指标，是制订运动的处方精髓。

运动强度对运动效果与安全有直接的影响，掌握适宜的运动强度是执行运动处方的主要内容之一。运动强度可用最大吸氧量、心率、功率等表示。要在处方中设下运动强度，最常见的做法就是利用主观运动强度评分表及心率做参考。

第一，主观运动强度评分表。此方法适用于计算心率有困难者，或因服药而令运动后的心率有所改变的病人。其做法是请参与者在进行体能活动时，基于自身对所花气力的感觉进行吃力程度的评估。

第二,心率。在进行有氧运动时,心率与氧气消耗量的增加有密切关系,因此,心率可用来评估运动强度。同时,指定运动处方的运动强度时应考虑以下因素:①个人的体适能水平。体能不佳及生活非常静态的人,运动强度较低;体能良好的人,运动强度较高。②能改变心率的药物。若改变用药的剂量及时间,则须对起始心率范围多加注意。③心血管及肌肉骨节创伤的风险。强度高,受伤风险高;强度低,受伤风险低。④个人对运动的喜好以及实践运动计划的目标。

(2)运动时间

运动时间指每次运动持续的时间,是组成运动量的重要因素。在持续的周期性运动中,运动时间乘以运动强度就是运动量。因此,运动时间依负荷强度而发生变化。运动时间过短,对机体不能产生作用,达不到应有的效果;运动时间过长,又可能超过机体的负担能力,造成疲劳积累而损害身体。因此,应根据运动目的及负荷强度来设定必要的运动时间。

耐力性运动每次运动的持续时间可在 20~60 分钟之间,其中达到适宜心率的时间在 5 分钟以上。在同样的运动量中,年轻的和体质好的人应选择强度大、持续时间短的练习;体弱的人应选择强度小而持续时间较长的练习。

(3)运动次数

即每周运动的次数。运动间隔时间过长或过短都会影响运动处方的效果。若以 70%~85% 的最大心率进行运动,最佳的运动次数是每周三天。若以较低运动强度进行运动者,则需要每周进行多于三天的运动,以达到运动目的。

(4)运动进度

运动进度取决于个人能力、耐力、健康状况、年龄、喜好及目标。运动进度分三个阶段,分别为起誓期、改进期及维持期。

(5)运动频率

指每日及每周锻炼次数。一般每日只需锻炼一次,每周锻炼 3~4 次。有足够的休息时间,可使机体得到"超量恢复",收到更好的锻炼效果。运动的效果是在每次运动对人体产生的良性作用的逐渐积累中显示出来的,是一个由量变到质变的过程,所以应经常锻炼,或根据不同的运动目的,实施一定周期的运动计划。不能凭一时的兴趣"三天打鱼,两天晒网",也不能急于求成,使运动频率过高。

（6）运动处方的格式

运动处方可根据不同的需要采用不同的格式，但在处方中，必须指出禁止参加的运动项目、锻炼的自我监督指标及出现异常情况时停止运动的准则等。在制定和执行处方时，都必须严格遵守循序渐进、个别对待的原则，加强医务监督，充分考虑安全。

3. 注意事项及微调整

（1）注意事项

为保证安全，根据处方对象的具体情况，提出锻炼时应当注意的事项：

第一，在以治疗和康复为目的的运动处方中，应指出禁止参加的运动项目和某些易发生危险的动作。

第二，应指出运动中的自我观察指标及出现指标异常时停止运动的标准。

第三，每次锻炼前后都要充分地做好准备活动和整理活动。

第四，掌握和了解一些必要的体育卫生知识，例如：运动后不要立即坐下或躺下，以免引起休克或其他不适感觉；不能立即吃生冷食物；不能马上进行冷水浴等。

（2）微调整

由于不同年龄、不同性别、不同体质的人群身体状况各不相同，所以不可能预先开好适应不同时间及各种场合下的运动处方。

第一，接受运动处方的人应按当时制订的运动处方进行锻炼。

第二，在使用运动处方锻炼的过程中，可以根据自己的情况，对处方中不适合的地方加以调整，逐步使处方更适合自身现状。一般制订的运动处方不会一次到位，需要在锻炼的过程中不断地进行调整，最终找到最适合本人的运动处方。

（四）篮球体育锻炼处方的发展

随着社会的发展和物质文明的进步，人们的生活环境日益优化，但生存环境却日益恶化，体质、体能日益退化，对各种疾病（尤其是感染性疾病、传染性疾病和慢性疾病）的免疫力和抵抗力日益减弱。因此，通过科学的体育锻炼增强体质、体能，增强自身对各种环境变化和疾病的抵抗力，也已成为人类社会发展的必然趋势。

事实上，正确的增进健康、增强体质的方法就是运动锻炼、合理的饮食营养和健康的生活作息,三者缺一不可。

体育锻炼必须讲究科学。但若锻炼强度过大、频度过高、持续时间过长,非但不能增强体质,反而会使身体抵抗能力下降,对各种感染性疾病的易感率升高。因此,体育锻炼开始向科学、安全、有效、个性化方向发展。而运动处方正是按照运动参加者的具体情况和运动爱好,制定合适的运动项目、运动强度、运动时间和运动频率。按照运动处方进行锻炼,既可以确保安全,又有科学性和针对性,从而可以取得最佳的健身效果。

当代健身运动涉及的范围很广,不仅是锻炼骨骼、肌肉以及心血管系统,还要健脑、明目、聪耳、固齿。健身运动处方是利用科学理论和方法来合理有效地指导健身者增强体质,具有针对性和非随意性的特点。要想通过体育运动来健身,就必须按照有科学根据的运动处方来进行,并不是漫不经心的随意运动。健身运动处方很像医生给病人开的药方,一是针对不同的个案选配不同的运动项目;二是给各个运动项目科学定量,要求选用简便可行、实效性高的运动项目,根据每个健身者的特点确定适合自己的运动量和负荷量。

二、运动处方的应用及应注意的问题

运用健身运动处方从事身体锻炼者的目的因人而异,有的人是为了强壮,有的人是为了娱乐消遣,还有的人是为了减少皮下脂肪。事实上,运动的效果都表现在生理和心理方面。

在运用处方时,应首先对自己的健康状况进行医学诊断和体力方面的评价,然后,在此基础上选择适合自身状况的运动处方,在 6～10 周内获得理想的健身效果。

(一)健身运动处方

健身运动处方是指导健康人进行运动锻炼,以提高体适能、促进健康、预防运动缺乏病为目的。近年来,健身运动处方的应用呈现强度和缓、身心全面、质量精细的特点。通过锻炼解除心理压力,使精神与身体和谐发展,提高对当代生活的适应能力等。

(二)应用运动处方应注意的问题

1.疲劳的判定

在根据运动处方进行锻炼时,由于主观和客观的原因,在锻炼进程中很可能因选择处方的运动负荷、锻炼方法、外环境的变化、工作和生活强度较大等产生肌体疲劳。此时,如不给予高度的重视,健身的效果不仅不明显,甚至还会给肌体带来伤害。

疲劳是肌体或某一部分由于长时间地工作或反复受到刺激而出现的应答能力或机能的减退。导致疲劳的原因是多方面的,但它导致工作能力和身体机能下降也是暂时的。在运动锻炼中一旦产生疲劳,即刻采取科学的对策,疲劳是可以消除的。

当识别肌体疲劳后,就可对症下药地消除疲劳。睡眠时,副交感神经的活动可达顶点,而副交感神经活动能促使能源物质的合成,即同化作用显优势进行。因此,睡眠对消除疲劳具有最大的效果。

但是,无论选用哪种恢复机能的方式,都要给肌体补充消除疲劳的营养物质,体质才能通过疲劳而增强。因为锻炼时消耗的营养物质只能依靠饮食中的营养物质来补充。所以安排好膳食结构有助于疲劳的消除。总之,只有充分认识疲劳,同时采用合理消除疲劳的方法,健身锻炼才能做到安全,体质才能逐步增强。

2. 健身锻炼中的常识

在实施运动处方锻炼时,首先要对自己所选用的处方内容、运动场所和运动用具等有充分的了解,并且对运动场所和运动用具的安全性做全面的检查,将伤害和事故的发生消灭在萌芽状态。在选择锻炼负荷量时,必须根据自己的身体状况选择适宜的运动负荷量。

无论采用何种健身的方式,都应包括准备活动、伸展柔韧性运动、有氧代谢运动和整理活动这四大内容。只有在做好准备活动后进行健身锻炼,最后配以整理活动,健身锻炼才能取得效果。

第一,准备活动的顺序通常是先慢慢地活动手、臂、腿和脚。因为这种活动对心脏的刺激不大。同时,准备活动中要根据气候条件和年龄、身体状况适当地增减衣服,以保证肌体既不感到寒冷,又不妨碍做动作。

第二,在健身锻炼之后,肌体的工作状态处于一个较高的水平,如果此时停止运动或坐下(躺下)休息,会使体温急剧下降,从而导致眩晕、恶心、出冷汗。所以,在健身锻炼后要及时对肌体进行整理活动,使身体代谢的速度缓慢下来,使肌体逐步处于稳定状态。

第三，健身锻炼出汗之后，不能立马去洗澡，应在运动后至少 10 分钟左右再冲澡。

第四，在按照健身运动处方进行健身锻炼过程中，如果遇到下列症状，必须停止锻炼：胸痛伴随运动的进行而加剧；胸内绞痛，呼吸严重困难；恶心、头晕、头痛；肌体感到十分疲劳；四肢肌肉剧痛、两腿无力，行动困难；足、膝、腿等关节疼痛；脉搏显著加快；脸色苍白，出冷汗，嘴唇发紫；跑的姿势或动作不稳，不正常，运动的速度突然缓慢。

第五，从事健身运动锻炼，切忌性急。在轻松愉快的心情下进行健身运动锻炼，健身的效果才会更充分地体现。

第六，要高度重视健身锻炼后的身体恢复阶段。为了使身体通过锻炼而受益，必须注意锻炼后身体的恢复过程。首先要改善饮食结构，根据健身过程中负荷量的大小，以及不同年龄对营养物质的需求，有计划地科学地选配食品，以保证身体对营养需求的平衡。其次是对肌体的调节，因为调节肌体的工作和休息状态能够解除疲劳，促进物质吸收和储备能量。另外，如有条件，可在锻炼后采取一些理疗，这些方法是行之有效的。

3.冷、热环境下的锻炼

健身锻炼要根据春生、夏长、秋收、冬藏的自然特点进行。将健身运动与自然力锻炼结合起来，健身效果会更好。

（1）热环境下运动

在热环境下运动，收缩压和舒张压都降低，这是因为在高温下，身体末梢血管舒张，皮肤血液量大，血压容易形成比较低的状态。

（2）冷环境下运动

适应寒冷环境，在可能的情况下，要抑制颤抖的出现。因运动而出汗后，体温会下降，增加了患支气管炎的危险性；另外身体柔韧性丧失，动作敏捷性差，要充分注意这方面的问题。

（3）对运动环境的选择

运动环境的选择，首先要考虑的是安全问题，既要避免到人群喧闹、噪音较大、交通拥挤的地方去运动，也不要到自己不熟悉、人迹罕至的偏僻地方去运动。其次，根据运动项目的不同特点，选择合适的环境，对运动者的运动情绪、运动开展、运动效果等方面，都有很重要的意义。

运动的环境选择和安全,还要根据不同季节的气候条件变化而变化。夏天天气炎热,阳光中的紫外线特别强烈,要避免长时间在户外阳光直射到的地方运动,以免引起中暑;冬季早晨有雾,能见度差,且雾中带有有害物质,给运动者带来不利因素,所以要避免在大雾天气中运动。

三、篮球运动损伤的防治方法

(一)肩部常见损伤

篮球运动中的运球、投篮、争抢篮板球等技术动作在很大程度上都需要依靠肩部来完成。再加上篮球运动始终是在对抗条件下完成的,因此极易发生肩部损伤,其中以肩袖的损伤最为多见。

原因:肩袖损伤又称"肩袖损伤性肌腱炎",发病机制与肩关节外展、内旋或过伸,肱骨大结节长期超常范围急剧转动、劳损、牵拉、摩擦有关。

症状:患者常感肩痛,尤其是上臂外展 60°～120°区间。肩部活动受限,肌肉萎缩,肱骨大结节处有压痛。

处理:急性发作期间,应暂停训练,肩关节制动,上臂外展 30°固定,以减小有关肌肉张力而减轻疼痛症状。

康复训练:如肩关节的回旋、旋转运动和肩外展 90°位负重静力练习等,以改善局部血液循环,增强肩部外展肌群,尤其是三角肌的力量,防止肌肉萎缩。康复训练要以肩部不产生疼痛为原则。积极治愈肩部的微小损伤、强化肩部外展肌群的力量训练(如前臂侧平举抗阻练习等)和注重力量训练后的放松练习是预防肩袖损伤的三个关键环节。

(二)肘部常见损伤

1.肘关节内侧软组织损伤

原因:篮球运动中肘关节内侧软组织损伤,多因双方队员空中(单臂)同时争球时,一方队员用力较猛,造成前臂力量较弱的对方队员的肘关节被动外翻和过伸,或因摔倒时前臂保护性外展、外旋支撑而致伤。

症状:伤患最为多见的是内侧韧带撕裂伤,严重受伤时往往合并其他组织的损伤,如尺侧关节囊撕裂、肘脱位等。受伤后肘关节尺侧疼痛、肿胀,关节功能障碍,肘内侧有明显的压痛点。

预防：关键在于加强前臂屈、伸肌群的力量练习，可经常使用弹簧拉力器发展前臂肌群力量和腕、肘关节的控制能力。另外，在运动前应进行 3～5 分钟的前臂屈肌群静力性牵拉练习。

处理：现场用氯乙烷喷湿局部后压迫包扎，前臂旋前、肘屈 90°位，用托板或三角巾固定于胸前，冰袋敷局部。

康复训练：受伤一周后，配合临床治疗，逐步开始康复训练。主要目的在于防止关节粘连和逐步增强前臂肌力。练习中，一方面必须采取保护措施，如使用护肘、粘膏支持带等；另一方面，避免重复受伤机制的动作，阻抗负荷也应逐步增加。

2.肘关节脱位

原因：肘关节脱位多因队员倒地时前臂保护性外展、外旋、后支撑所致，其中后脱位最常见。

症状：伤后局部疼痛，关节畸形，功能障碍。

预防：强化倒地时正确的保护性技术动作是预防肘关节脱位的最重要环节。身体向后倒地时，前臂应外展、稍内旋（禁忌外旋），肘关节微屈（禁忌过伸）、后支撑，膝关节微屈，在身体着地的瞬间用力向后蹬，以分解倒地时的垂直作用力，避免肘关节脱位和尾椎骨受伤。

处理：现场急救可进行氯乙烷局部麻醉降温，绷带包扎，依肘受伤后的肢体位（角度）托板固定，用三角巾挂于胸前，冰袋继续敷局部。

康复训练：整复后第二天即可开始握拳、转肩的康复练习，以促进前臂的血液循环，有利于消肿。固定后，坚持进行肘关节的伸屈和前臂旋转运动，防止损伤后的关节粘连。肘伸屈训练时，动作的幅度必须适可而止，逐渐加大，直至恢复到原有的角度，切忌大力扳拉，以防发生骨化性肌炎，这是康复训练的关键环节。

（三）腰部常见损伤

1.急性腰扭伤

腰部急性损伤包括肌肉、韧带损伤及关节扭伤等，90％发生于腰骶部和骶髂关节。

原因：较多发生在提起重物等动作时。具体损伤过程为在弯腰展髋、伸膝的提重发力时,骶棘肌的力量不足以支撑动作的完成,或者重物的重量在预想之外,如此引起骶髂部肌肉、筋膜或韧带撕裂。另外,运动动作超越脊柱活动范围也是急性腰扭伤等多种腰部损伤的缘由。

症状:伤后脊柱发生生理性变形,如弯曲度改变或出现侧弯;弯腰时腰部出现疼痛且屈度减小或相应部位肌肉痉挛。在行走时,受伤一侧不敢发力,影响正常行走活动,即便是在坐位时伤处仍然无法动弹。这种在受伤局部往往有着明显的压痛点。

预防:除采用一般预防措施外,应加强腰腿和腹部肌力的训练,强化腰部伸屈扭转复合动作的合理性和协调性训练(如在进行负重力量练习的提铃发力时,应屈膝、屈髋、直腰)。近期曾有受伤史的队员在训练和比赛时,以及未受伤队员在进行腰部力量训练时,建议使用护腰带,以加强保护措施。

处理:受伤后应尽量让患者平卧休息,冷敷患处。不建议盲目使用手法治疗。

康复训练:康复训练主要以逐渐增加腰、腹肌力量练习为主。训练初期徒手练习应占据较多时间,要求循序渐进,缓慢加量。练习结束后应特别注意放松腰部肌肉,如经常性的自我腰部按摩。

2.腰肌劳损

原因:患者在患有急性腰扭伤后并未根治,并且腰部的活动量和负荷量仍旧未减,久而久之形成了腰部肌肉、筋膜、韧带等组织的慢性损伤。

症状:患者经常出现腰部酸、胀、痛等症状,特别是在进行完高强度、大运动量训练后酸痛感更为突出,这种不适感甚至还会放射至腰部周边部位,影响队员的正常训练,甚至对生活也会产生一定影响。腰肌劳损在腰部有明显的压痛点,同时在直抬腿试验中呈阳性。

康复训练:腰肌劳损的康复方法主要有以下两种:

第一,在日常训练中增加腰部、腹部的力量素质训练,以使新增的肌肉纤维代偿伤患局部肌力的不足,力量训练的动作可以为拱桥架势和负重仰卧举腿等,在实践中,这几种动作有显著效果。不过需要注意的是,在训练中要严格注意对队员腰腹部情况的监控,要求训练中不要出现疼痛和肌肉痉挛,结束训练后要做好相应的放松活动。

第二,安排训练主要应改善血液循环,通常可采用如仰卧抱膝、膝胸卧展等动作,效果良好。训练中要注意,松解动作到位后应保持一段时间,通常为3~5分钟。训练要本着循序渐进,逐渐加量的原则进行,以防止局部出血或再度拉伤而影响疗效。另外,在该损伤发作期间应暂停队员训练,以不致使损伤加重。

预防:强化腰、腹肌群力量训练,避免短时间内进行重复腰腹部动作的练习。除采用常规预防措施外,还要培养运动员经常性地进行自我腰部按摩的意识和能力,这对预防腰肌劳损也十分有益。

(四)膝部常见损伤

由于篮球运动中的诸多技术需要依靠急转、急停等动作来完成,这就给运动员的膝关节带来了巨大运动负荷。因此,篮球运动员的膝部损伤约占身体各部伤病总数的40%,主要伤病有膝关节韧带损伤、髌骨劳损以及膝内侧副韧带损伤等。膝部伤病的发病机制与现代篮球运动技、战术特点对运动员身体素质的特殊要求,膝关节的自身解剖结构和生理功能,以及在身体运动中所发挥的重要作用等因素密切相关。

1.膝关节韧带损伤

在膝部常见损伤中,膝关节韧带损伤的发生概率较高。

原因:篮球运动的技术对人体膝关节的负荷能力有较高要求,如在篮球运球转身技术中中枢脚及小腿固定,大腿随躯干突然内收内旋,膝关节于是受到了扭转力或来自膝外侧的向内侧的冲撞力,导致伤情发生。这些情况均极易造成膝关节韧带损伤。而运球后转身动作由于外侧副韧带发生损伤的概率要远比内侧副韧带要低,所以受伤的原因与膝内翻有关系。

症状:当出现膝关节韧带损伤后表现为膝内侧突发性剧烈疼痛,韧带伤处的压痛点明显,同时出现半腱肌、半膜肌的痉挛症状。

预防:内侧副韧带损伤的发病率远比外侧副韧带高,且内侧副韧带的严重损伤常合并内侧半月板的撕裂伤,故为预防的重点。除采用一般常规预防措施外,还需注意以下几点:

第一,改进后转身技术动作。对于技术水平不高的运动员,克服后转身技术动作中的"拖脚"现象,是预防内侧副韧带损伤的关键环节之一。严格要求队员在完成后转身动作时,作为中枢脚的跟部应微离地面,脚的受力点一定要落在前脚掌,切忌出现"拖脚"动作,这样可有效地化解膝关节处的扭转力,避免膝外翻受伤机制的形成。

第二,强化准备活动中的静力性牵拉练习。在进行其他动力性练习的基础上,预防内侧副韧带损伤,可采用膝外翻静力牵拉练习(脚尖向外,分腿,膝内扣,半蹲位)3～5分钟,预防外侧副韧带损伤可借用"盘腿"练习。

第三,对于曾受过伤的运动员,一方面,在做准备活动时不可重复(或过度用力)受伤机制动作;另一方面,在训练和比赛前,还应使用弹力绷带在膝部做八字形(内侧交叉)加固包扎,并在鞋跟(或鞋垫)内适当楔形垫高,以有效防止膝关节外展外旋时再度受伤。

处理:弹力绷带做八字形(内侧交叉)压迫包扎,继续用冰袋冷敷。经此处理后可酌情继续上场比赛。韧带完全断裂者病情症状明显加重,在完成上面几种处理方式后,利用棉花夹板固定并及时送往医院做进一步处理。

康复训练:康复训练的时间为伤后3天,此阶段不能完全停止局部治疗。在康复训练时要注意保持股四头肌和股二头肌的肌力,防止肌肉发生萎缩。这种类型的肌肉萎缩将导致膝关节"不稳感"现象的出现;在康复过程中,膝关节的伸屈抗阻练习也是必需的,防止出现粘连现象导致关节的活动度下降;进行康复训练应当优先做无阻抗静力性收缩和伸屈膝练习,其次才是抗阻动力性伸屈膝练习。

2.髌骨劳损

髌骨劳损是髌骨由于关节软骨面和髌骨周缘股四头肌张腱膜的附着部分出现了慢性损伤。具体可以被称为"髌骨软骨病"以及"髌腱末端病"。这两种疾病由于损伤的不同也许会单独发生,也可能一并发生。因此两种损伤的原理及症状大体相似,故将其统称为"髌骨劳损"。

原因:髌骨劳损之所以会出现是由于膝关节在长期负担过度的情况下,或经历了反复的微细损伤,最终导致劳损的出现,但因一次直接外伤(髌关节冲撞或牵扯)也可能发生。前者往往是由于不合理的训练安排,如滑步防守与进攻、急停与起跳上篮的局部训练过多所致,不注意发展局部肌肉力量等。

症状:髌骨劳损发生后,会使人出现膝软与膝痛感。在早期,髌骨劳损只出现在大运动量训练之后,然而不适感会随着休息逐渐消失。一般膝痛常在活动开始以后减轻,运动结束后又加重,休息后又会减轻。膝痛或膝软与技术动作有较大的关联,其主要表现出来的是在做半蹲动作时产生痛感,如日常生活中上下台阶的动作等半蹲状态动作,均会出现疼痛腿软无法发力,甚至在坐下前因不能吃力而跌倒。严重时走路和静坐时也痛。不少病例关节酸痛程度,还与气候变化有关。

第一,髌骨压迫痛,患者膝伸直,股四头肌放松,脑后垫一小枕或检查者一手托垫,一手掌放于髌骨上,向垂直方向压迫或两侧方、上下错动按压,髌骨下出现痛者即为阳性。

第二,髌骨周缘指压痛,患者伸膝并放松股四头肌,检查者一手将髌骨两侧方或下方推起,用另一手摸压髌骨周边,痛感明显的即可判定为阳性。

第三,髌骨边缘有增厚现象或出现条索状物、髌骨尖延长、股四头肌萎缩、髌骨长角以及关节积液等也可判定为髌骨劳损。

处理:目前无特效疗法,建议发病后尽量采取练治结合的方法缓解治疗。另外,对髌骨劳损的处理方法还可以采用以下几种方式。

(1)按摩疗法

在膝关节附近进行按摩,也就是长时间揉捏和推揉股四头肌,其后,用单手或双手拇指对痛点以刮的形式进行按摩,或用手掌对髌骨进行按压。

(2)短波理疗

中药外敷或关节腔内注射药物,不过这种方式不宜经常性使用。

(3)单手拇指刮法

按摩者一只手对伤者的髌骨进行固定,显露出髌骨的疼痛部位,另一只手用拇指沿髌骨疼痛部位的长轴进行用力刮动,刮动要均匀,重复大约 40 次,刮髌时如伤者有痛感属正常现象。

(4)髌骨按压法

适当加压后固定不动,待酸痛减轻或消失后,慢慢抬手去压,如此重复3～5 次。

在接受上述几种按摩方式之后,患者可以做不负重屈伸膝关节练习 20～30次,走动 2～4 分钟,每日按摩 1～2 次。

3.膝内侧副韧带损伤

原因:在篮球运动中,由于场地、技术(如跳起投篮、抢篮板球后落地姿势不佳,或在运球突破时,遭防守队员阻挡,使膝关节出现强迫"外翻",造成膝内侧副韧带损伤)、关节稳定性、身体机能状况不佳、准备活动不足、对抗能力与自我保护能力差等原因,会导致小腿突然内收内旋,或小腿与足固定、大腿突然外展外旋,造成膝关节内翻,引起外侧副韧带损伤。

症状:伤后出现痉挛性疼痛。膝内侧压痛、肿胀、皮下瘀血、小腿外展或膝伸时疼痛与功能障碍。关节内积血是严重的联合损伤的信号,意味着关节内韧带损伤,半月板可能撕裂。侧扳试验呈阳性。

处理:现场立即冷敷、加压包扎、制动,以减少出血和止痛,以避免并发症。伤后 24 小时左右可视伤情采取中药外敷或内服、按摩、理疗、康复训练等手段,促进淋巴和血液循环,加速渗出液和积血的吸收。膝内侧副韧带不完全断裂的早期治疗,主要是防止创伤部继续出血,并适当固定。膝内侧副韧带完全断裂最好的治疗方法是手术缝合。

(五)足踝部常见损伤

1.踝关节韧带损伤

原因:踝关节韧带损伤以踝关节外侧韧带(新鲜)损伤较为突出。在篮球运动中运动员的踝部会受到多种形式的冲击。通常踝关节韧带损伤经常发生与运动员跳起落地时踩在别人的脚上等原因造成踝关节内旋、足跖屈内翻位受力作用的机制有关。

症状:损伤后踝关节外侧疼痛,局部肿胀,皮下瘀血,有明确的压痛点,不能立即行走。不过鉴于踝关节以及周边韧带的结构较为复杂,因此在受伤后未确切诊断之前不建议盲目使用手法治疗。

处理:踝关节韧带损伤的处理主要有以下几种常见方式。

(1)冰袋冷敷

冰袋冷敷是踝关节损伤后的最佳应急处理办法,若无条件可用凉水降温。但是这种方法只能起到缓解的作用,并不能完全依此治疗。

(2)抬高患肢

抬高患肢也是缓解踝关节损伤的有效方法。被抬高的患肢可促进静脉回流,防止局部肿胀。

(3)患肢制动

将受伤足固定于稍外翻、跖伸位,以此达到减轻局部韧带张力和防止进一步出血的目的。

预防：在日常训练中有意识增加踝周和跨踝肌肉、韧带的力量训练。有踝关节韧带损伤史的人在练习中还可以进行一些特定的专门练习，如踝外旋、足外翻、跖伸的抗阻练习等。在训练和比赛前做好充分的准备活动，如做足内翻、足外翻静力性牵拉练习各 3～5 分钟。

康复训练：踝关节韧带损伤的康复训练可以分期完成，具体可分为早期练习、中期练习和后期练习。

第一，早期练习内容包括在热水浸泡和仰卧抬高患肢的条件下，进行踝伸屈练习。以此达到消除皮下瘀血和肿胀、防止局部粘连的作用。另外还可在不产生疼痛的前提下安排一些跖肌、腓肠肌等的被动牵拉练习。

第二，中期练习应加入一些如动感单车、足滚圆木练习等以锻炼和恢复足、踝部肌肉运动精细调节功能为主的训练。

第三，后期练习应以增强踝周肌肉、韧带力量和足伸屈肌群的力量为主，如安排提踵练习、踝关节跖屈抗阻练习等。

另外，如果在踝部康复训练后出现不同程度的肿胀，均属于正常现象。解决方法为训练后平卧并抬高患肢。

2.踝关节扭伤

原因：踝关节扭伤多由于场地不平，或跳起落地时踩在别人脚上，或在空中受碰撞而落地不稳等。

症状：伤后踝关节外侧疼痛，迅速肿胀，并逐渐延及踝关节前部，局部明显压痛。压痛多在外踝下方，或踝尖部或外踝；内翻痛。

处理：急救时可以压迫痛点止血，抬高伤肢，然后用较大的棉花块或海绵垫加压包扎。24 小时以后根据伤情可选用新伤药外敷、理疗、针灸、按摩药物痛点注射及支持带固定等。

(六)其他部位损伤

1.手指挫伤

原因：在篮球运动中球员接球时手的动作不正确或断球时手指过于紧张伸直等均会挫伤手指。

症状：受伤手指及周边范围有明显肿胀且伴有强烈疼痛，这种痛感会因为压迫而增大，手指功能障碍。

处理：手指挫伤的快速处理方法为用冷水冲淋。通常休息一段时间后疼痛可减轻，几天后痛感消除，能做屈伸动作。

2. 大腿后部屈肌拉伤

原因：当肌肉在跳起上篮、跳起拦截或蹬跨移动等动作中主动收缩或被动拉长超出其所能承担的能力时便会出现大腿肌肉拉伤。造成这种情况的原因可能为准备活动不充分、用力过猛、体能耗竭、技术动作不规范、气温过低等。该肌群训练不足，肌肉弹性、伸展性差，肌力弱是发生损伤的内在因素。

症状：

第一，有明显受伤动作和受伤过程。

第二，局部疼痛，伴有肌肉紧张、僵硬，肿胀处可伴有瘀血。

第三，患者做肌肉主动收缩和被动牵伸动作时，局部有明显压痛，受伤肢体有功能障碍。

第四，发生肌肉断裂者，在肌肉断裂部可触摸到凹陷或出现一端异常膨大，或呈“双峰”畸形。

处理：

第一，肌肉微细损伤或伴有少量肌纤维撕裂者，伤后应立即给予冷敷，局部加压包扎，休息时应抬高患肢。

第二，24～48 小时后可开始理疗和按摩，按摩时手法宜轻柔，伤部仅能做些轻推摩，伤部周围可做揉、捏、搓等，同时配合点压穴位（宜取伤周穴位）。

第三，如肌肉大部或完全断裂者，在局部加压包扎并适当固定患肢后，应立即送往医院诊治。

3. 面部损伤

原因：篮球比赛中，在争球、上篮、抢篮板球时，常易造成被他人头、肘顶撞而挫伤，甚至发生眉区裂伤等面部损伤。

症状：

第一，临床上都有急性外伤史。

第二，凡挫伤，局部有轻度肿胀，且逐渐加重。

第三，若眼眶挫伤、眉区裂伤，伤后 2～3 天肿胀明显，眼裂变小，甚至眼睛不易睁开。

处理：

第一，凡挫伤，24 小时内局部冷敷，24 小时后热敷，促进消肿和皮下瘀斑的吸收。

第二，凡裂伤，伤后 6 小时内清创缝合，伤后 24 小时内用破伤风抗生素，预防破伤风杆菌感染。

第三，骨折、牙齿断裂者，需去专科医院诊治。

上述损伤应先处理骨折。对创伤性滑膜炎应加压包扎，用夹板或石膏固定 2～3 周。伤后 3～5 天可以进行理疗、按摩、外敷中药等治疗。

四、篮球运动疾病的防治方法

(一)肌肉痉挛

肌肉痉挛，即俗称的"抽筋"，是指肌肉发生不自主地强直收缩的一种症状。人体的腓肠肌、足底的屈拇肌和屈指肌最容易发生痉挛。肌肉痉挛常发生于长跑、足球、游泳、举重等运动时间长、运动强度大的运动。通常是由于大量出汗致使体内电解质失衡，肌肉收缩舒张失调，外部冷刺激等原因导致的。

1. 症状表现

发病急，局部发生不自主肌肉强直收缩、僵硬，疼痛难忍且一时不易缓解，痉挛肌肉所涉及的关节出现运动障碍。

2. 预防措施

运动前做好充分的准备活动，运动中遵循循序渐进的原则。夏季运动时，出汗过多，应注意适当补充淡盐水和维生素。冬季运动时注意保暖，同时加强身体锻炼，提高身体的耐寒能力和耐久力。冬泳前先用冷水淋湿全身以适应冷水刺激。冬泳时间不宜太长，避免在水中停止运动和停留太长时间。多吃含乳酸、氨基酸、维生素 E、钙的食物，如奶制品、瘦肉、虾皮、豆制品等。

3. 处理方法

牵引痉挛的肌肉常可使之缓解。例如，小腿后面群肌痉挛可伸直膝关节，用力将足背伸；足底部屈肌、屈趾肌痉挛，可用力使足和足趾背伸。此外，还可配合局部按摩，采用重推摩、揉捏、叩打、点穴(如委中、承山、涌泉等穴)手法，促使缓解。

（二）运动中腹痛

运动中腹痛是指运动员在运动中因生理和病理原因而发生腹部疼痛的一种疾病。通常是由于准备活动不充分，胃肠痉挛，腹直肌痉挛，呼吸紊乱等原因造成的。

1.症状表现

安静时不痛，运动中或结束时腹痛。一般无其他伴随症状。腹痛的部位常与病变脏器的位置有关：肝胆疾患或淤血，多表现为右上腹痛；脾淤血多表现为左上腹痛肠痉挛、蛔虫病多表现为腹中部痛；胃十二指肠溃疡、胃炎，多表现为中上腹痛；呼吸肌痉挛多表现为季肋部和下胸部锐痛；阑尾炎在右下腹疼痛；宿便多表现为左下腹痛。

2.预防措施

在参加篮球运动前做好准备活动，训练内容和时间安排合理。运动中要注意呼吸节奏，宜进行深呼吸。如运动时发生腹痛，应放慢运动速度，减少运动量，轻轻按揉腹部，待疼痛缓解或消失后再逐步加快速度。在运动前不宜进食、饮水过多。餐后休息一小时后再进行运动。夏季运动要适当补充盐分。加强身体训练，增强心肺机能，提高机体的适应能力。

3.处理方法

运动中发生腹痛时，一般只要减低速度，加深呼吸，用手按压疼痛部位（或弯着腰跑一段），疼痛即可减轻，以至消失。如疼痛仍不减轻，甚至加重，就应停止运动。炎热天气时，口服十滴水或普鲁苯辛（每次1片），针刺或用手指点揉内关、足三里、大肠俞等穴位，都能缓解腹痛，可以试用。若为腹直肌痉挛，则可进行局部按摩，如果上述措施不见效，应请医生处理，以防有腹部外科急症误诊而延误病情。

（三）运动性低血糖

空腹时血糖浓度低于50毫克/分升即为低血糖。运动性低血糖在足球运动中比较常见。长时间剧烈运动后，体内血糖的大量消耗和减少可造成运动性低血糖。或者是运动前饥饿，肝糖原储备不足，不能及时补充血糖的消耗而导致运动性低血糖。另外,交感神经活动增强,反应性肾上腺素释放过多,以及中枢神经功能障碍也可导致低血糖。

1.症状表现

轻者倦怠(进食前特别明显)、心烦易怒、面色苍白、多汗或冷汗、身冷、体温低、心跳快速、呼吸浅促、眩晕、头痛、视力模糊、迅速或强烈的饥饿感等;重者视物模糊、焦虑、定向障碍(如返身跑)、步态不稳、出现幻觉、狂躁、精神失常,最后意识丧失、昏迷。

2.预防措施

运动前检测血糖两次,每隔30分钟检测1次。合理安排运动量,每天的运动时间及运动量基本保持不变。大量运动前适当进食。不空腹参加长时间的剧烈运动。有低血糖症特别是患有糖尿病的人,宜少食多餐。

有平时缺乏锻炼的学生,或患病未愈及空腹饥饿时,不要参加长时间的篮球运动。

3.处理方法

使病者平卧、保暖。神志清醒者可饮浓糖水或吃少量食品,一般短时间内即可恢复。不能口服者,可静脉注射50%葡萄糖40～100毫升。昏迷不醒者,可针刺人中、百会、涌泉、合谷等穴,并迅速请医生前来处理。

(四)运动性中暑

运动性中暑是中暑的一种,由运动导致或诱发,指肌肉运动时产生的热超过身体能散发的热而造成运动员体内的过热状态。大都是因为在炎热的天气下进行长时间运动,身体疲劳、失眠、失水、缺盐,或对高温环境适应能力差而导致。

1.症状表现

早期有头晕、头痛、呕吐现象。逐步发展为体温升高,皮肤灼热干燥。严重者可出现精神失常、虚脱、痉挛、心律失常、血压下降。过于严重的,甚至会昏迷,危及生命。

2.预防措施

科学合理地安排训练和比赛的时间,夏季避免在上午9点至下午4点间运动,多休息。运动中适当饮用防暑降温的饮料;运动后注意补充适量的糖盐水。

加强医务监督,合理选择运动服装与保护装置。了解运动性中暑的相关知识,及时检查身体反应、调整运动。

3.处理方法

当有先兆或轻度中暑时,应迅速撤离高温环境,至通风阴凉处休息,解开衣领,并服用清凉饮料、浓茶、淡盐水或解暑药物等。对病情较重的患者,应立即移到阴凉处,让其平卧。根据不同的病情,分别进行相应处理:中暑痉挛时,牵伸痉挛肌肉使之缓解,并服用含盐清凉饮料;中暑衰竭时服用含糖、盐饮料,并在四肢做重推按摩;症状重或昏迷患者,可针刺人中、涌泉、中冲等穴,并应迅速送往医院进行抢救。

参考文献

[1] 黄德星. 青少年篮球教学理论与训练方法［M］. 长春：东北师范大学出版社，2018.

[2] 勾占宁. 现代篮球运动教学与训练方法研究［M］. 北京：团结出版社，2018.

[3] 朱淑玲. 高校篮球课程建设与教学训练的开展研究［M］. 北京：地质出版社，2018.

[4] 姜毅. 现代篮球教学理论与科学化训练研究［M］. 北京：中国大地出版社，2018.

[5] 刘浩，张戈. 篮球［M］. 重庆：重庆大学出版社，2018.

[6] 谭晓伟，岳抑波. 高校篮球教学开展的理论与实践研究［M］. 长春：吉林人民出版社，2018.

[7] 李忠义. 校园篮球执教之路［M］. 北京/西安：世界图书出版公司，2018.

[8] 洪锡均. 青少年篮球训练理论与方法［M］. 北京：中国社会出版社，2018.

[9] 宋良忠. 产生式系统理论与篮球课程改革［M］. 沈阳：辽宁大学出版社，2018.

[10] 宁昌峰. 现代体育教育训练的理论发展与创新研究［M］. 北京：煤炭工业出版社，2018.

[11] 金宗强，鲍勇. 体能训练在竞技运动中的实验应用研究［M］. 天津：天津大学出版社，2018.

[12] 辛娟娟. 运动技能与体育教学［M］. 北京：九州出版社，2018.

[13] 余丁友. 现代篮球运动教学与训练研究［M］. 北京：冶金工业出版社，2019.

[14] 杨明刚. 现代篮球教学与训练精要［M］. 长春：吉林大学出版社，2019.

［15］黄震. 高校篮球教学与训练实践研究［M］. 长春：吉林人民出版社，2019.

［16］唐新发. 现代篮球技术教学与训练指南［M］. 郑州：郑州大学出版社，2019.

［17］贺炜. 高职篮球教学设计与技战术训练［M］. 延吉：延边大学出版社，2019.

［18］胡永. 篮球运动教学与训练体系的优化及实践探索［M］. 北京：中国水利水电出版社，2019.

［19］王磊. 当代篮球教学理论与科学化训练研究［M］. 北京：新华出版社，2019.

［20］柏杨. 校园篮球［M］. 上海：东华大学出版社，2019.

［21］杨照亮. 基于体育强国背景下现代篮球运动的教学与训练研究［M］. 长春：东北师范大学出版社，2018.

［22］解长福，王淼，张聪. 篮球教学与训练［M］. 哈尔滨：东北林业大学出版社，2018.

［23］鲁茜. 篮球教学与训练［M］. 上海：华东师范大学出版社，2018.

［24］廖俊. 篮球教学与训练研究［M］. 哈尔滨：东北林业大学出版社，2018.

［25］战美迎. 高校篮球教学与训练研究［M］. 长春：吉林大学出版社，2018.

［26］杨玉霞. 现代大学生篮球教学与训练研究［M］. 西安：西北工业大学出版社，2018.

［27］周荣凤，孙亚光，刘文亮. 高校篮球教学训练基本理论与实践研究［M］. 长春：东北师范大学出版社，2018.

［28］马涛. 篮球运动教学与训练［M］. 长春：吉林美术出版社，2018.

［29］贺成华，陈清，夏重华. 高校篮球运动教学与训练［M］. 北京：九州出版社，2018.

［30］沈威. 现代篮球教学体系构建与训练科学［M］. 北京：新华出版社，2018.